COMED DE MI CARNE,

BEBED DE MI SANGRE

ANA MENDEZ FERRELL

E & A INTERNATIONAL
Comed De Mi Carne, Bebed De Mi Sangre
2 Edición

Copyright © November, 2005

Diseño de Portada: Rubén Mariaca Asport
Areyou_ben@hotmail.com

Diagramación: 1106 Design
www.1106design.com

Todas las referencias bíblicas han sido extraídas de la traducción Reina Valera, revisión 1960

Impresión: United Graphics, Inc.

Categoría: Apostolico

Publicado por:
E & A INTERNATIONAL
P.O. Box 3418
Ponte Vedra Florida 32004 USA
www.voiceofthelight.com

ISBN: 978-1-933163-09-3

DEDICATORIA

Dedico este libro a Jesucristo, mi Señor, y a Quien amo sobre todas cosas, a mi Padre Eterno y al Espíritu Santo quien lo inspiró.

También lo dedico a Suzanne Hinn mi hermana y amiga en el ministerio, quien por su relación con Dios, es una inspiración para mí, y para millones de personas.

INDICE

Introducción

Este libro es acerca de la revelación más importante de mi vida. Lo que cambió toda mi existencia, y me llevó a entender el Reino de Dios en la forma más poderosa que jamás había imaginado. Lo que aquí narro, ha cambiado la vida de miles de personas, llevándolos a un nivel de experiencias con Cristo, que no sabían que podían ser reales y para ellos, hasta que entraron a las dimensiones espirituales de la Santa Cena.

Este no es un tratado religioso, sino una revelación gloriosa de la vida contenida, en el cuerpo y en la sangre de Jesús. La iglesia primitiva tuvo algo que nosotros hemos perdido. No pretendo atacar a nadie, ni rebatir argumentos tradicionales o teológicos, sino más bien, llevarlo más allá en la compresión de un misterio, que sé, que cambiará toda su vida espiritual.

Tras de varios años de tomar la Comunión en la forma en que ellos lo hicieron, y vivir lo que ellos vivieron, encontré la herencia más grande del legado de Cristo. En estas páginas, es mi deseo darle a usted, lo que El me ha dado, para que alcance la más alta plenitud de su vida cristiana.

A través de la historia hay un hilo de revelación, en el cual Dios siempre encontró alguien a quién darle esta maravillosa herencia. Santos en todas las épocas, en todas las denominaciones, en las más diversas circunstancias, encontraron esta perla de gran precio. Entresacados de los más aberrantes tiempos de oscurantismo, de en medio de las más abominables estructuras babilónicas en la historia de la Iglesia. Aislados en un monasterio, o en un convento, o en una ermita perdida en las montañas, o misioneros en el África, o en la China, Dios se encargó de guardar lo más preciado de su legado, y entregarlo a estos hombres y mujeres enamorados de la verdad. Santos que lo buscaron a El por encima de doctrinas de hombres. Que entresacaron lo precioso de lo vil. Que soportaron la persecución más horrible, y aún hasta la misma muerte, porque lo que tenían, era esencia, lo que tenían, era vida más que teología muerta. Santos hombres y mujeres que por encima de todo ritual y estructura religiosa, se encontraron cara a cara con Jesús.

Algunos de ellos sacudieron la tierra, y las estructuras religiosas y políticas de su tiempo. Otros, sacudieron naciones desde el anonimato, transformando los cielos espirituales desde ignorados cuartos de oración; pero conociendo los misterios de la vida que están escondidos en la comunión.

Este libro lo llevará a conocer a Jesús, íntima y profundamente. Lo conducirá a hacer las obras de Dios, en el mismo poder que el Hijo de Dios tuvo cuando estuvo en la tierra, tal y como El lo prometió:

> *"De cierto de cierto os digo: el que en mí cree, las*
> *obras que yo hago él las hará también; y aún*
> *mayores hará, porque yo voy al Padre"*
> JUAN 14:12

Le abrirá los ojos para ver a Jesús cara a cara, y lo hará entrar en la posesión de la mayor herencia espiritual y material. Lo que está por leer cambiará su vida, su cristianismo, su forma de ver, de amar, y lo llenará de todo el poder de Dios.

Abra su corazón, para recibir un tesoro sin precedentes. ¡Y el Dios Omnipotente se revele a usted en cada una de las páginas de este libro!

PARTE

*La Institución
De La Santa Cena*

La Más Maravillosa Herencia, Perdida en la Historia.

Jesús vino a este mundo para darnos la más maravillosa de las herencias. Su vida misma en nosotros. El quería que de la misma forma en que Él fue enviado por el Padre, nosotros también lo fuéramos. Que aún mayores prodigios y milagros fueran hechos por Su Iglesia, que los que Él hizo cuando estuvo en la tierra. Quería que todo el poder y la realidad sobrenatural de Su reino se manifestara en nosotros.

El dio Su vida por esto, y entrenó a Sus discípulos en la forma en que podían apropiarse en plenitud de todo lo que Él había conquistado para nosotros.

Sus apóstoles lo entendieron, y no solo lo vivieron, sino que lo enseñaron

> Entrenó a Sus discípulos en la forma en que podían apropiarse en plenitud de todo lo que Él había conquistado para nosotros.

de tal forma, que toda la iglesia del primer siglo se movía en esta realidad. Dios impactaba la tierra en una manera jamás vista. Su amor y Su poder llenaban a cada cristiano. Jesús era visible a través de los creyentes. Y el libro de los hechos se escribía en medio de las más asombrosas manifestaciones del Espíritu de Dios.

Hoy leemos de esa maravillosa iglesia, y anhelamos tener lo que ellos tenían, pero todavía lo seguimos viendo de lejos, sin comprender donde están esas llaves que conducían a tanto poder, a tanta unidad, a la verdadera herencia.

La clave está escondida en el legado más grande que El nos dejó: El misterio de la Santa Cena, o la Comunión como también se le conoce.

El partimiento del pan era para ellos mucho más que el ritual en que lo hemos convertido. Todo lo que necesitamos está contenido en ese sencillo acto, si lo llegamos a comprender como tiene que ser entendido.

"Y perseveraban en la doctrina de los Apóstoles,
en la comunión unos con otros, en el partimiento
del pan y en las oraciones.
Y sobrevino temor a toda persona; y muchas
maravillas y señales eran hechas por los Apóstoles.
HECHOS 2:42–43

Los Apóstoles, obviamente les enseñaban a perseverar en estas verdades, porque de ello dependía que el temor de Dios prevaleciera en la Iglesia. Estas doctrinas eran las que traían la santidad de Dios en medio de Su pueblo, y esto era lo que producía tantas señales y prodigios.

Lo que a ellos les fue revelado, Dios lo está hablando otra vez, porque es necesario restaurar el temor de Dios, la unidad entre hermanos, la santidad y las señales, cosas que escasean grandemente en la Iglesia de hoy.

El Espíritu de Religión Destruyó la Vida

Lo que ellos tenían era la esencia pura de la vida. El Espíritu Santo había venido sobre la Iglesia en una forma tan poderosa que hacía vivo todo lo que Jesús era. Ellos vivían una realidad espiritual, y una dependencia del Espíritu Santo muy poco vista hoy en día. Pero esto se fue perdiendo poco a poco. Lo sutil, lo novedoso y espontáneo que caracteriza la vida escondida en este misterio, se fue convirtiendo en algo mecánico, y empezó a contaminarse de religión. Paulatinamente lo que era vida, se convertía en ritual.

Con la muerte de los padres de la Iglesia, muchas revelaciones fueron olvidadas, y las tradiciones y las formas de los hombres empezaron a cubrir a la iglesia como cardos y malas hierbas.

El Sacramento A Través de la Historia

Al morir los padres de la Iglesia, ésta perdió su espiritualidad, dejó de depender en el Espíritu Santo como única fuente sobrenatural de todo conocimiento divino, y empezó a depender de los hombres. La escasez de escritos apostólicos y antiguo-testamentarios, por la obvia falta de imprenta, produjo que los religiosos de aquel tiempo hicieran de ella un sistema ritualista. Más adelante, sería contaminada en el siglo IV por el imperio romano. El Emperador Constantino haría un sincretismo entre el paganismo Romano y el Cristianismo. Después en el siglo IX empezaría la primera gran discordia sobe el asunto de la Comunión. Desgraciadamente, esta sucede en medio de un oscurantismo muy acentuado, en el que la magia y la superstición cobraban gran auge, y estas se infiltran en el seno de la Iglesia. Radertus, introduciendo el misterio y la sobrenaturalidad de su época, trajo a Roma la teoría de la transustanciación. El enseñó que cuando las palabras de eucaristía eran pronunciadas, los elementos eran literalmente cambiados en el cuerpo y en la sangre de Cristo. Radertus fue radicalmente opuesto por Ratramnus, quien mantenía la posición agustiniana de que la presencia del Señor en la Santa Cena era meramente espiritual. Tras de mucha oposición, la transustanciación se volvió oficial en el "Cuarto Consejo de 1215" y la teología de San Agustín perdió la batalla.

En el "Concilio de Trento" (1545–63) se añadió que el pan y el vino debían ser venerados a manera de adoración, siendo estos el mismo Dios.

Las teorías de Radertus provenían de rituales egipcios, tal como el que se hacía al dios Osiris, dentro del templo de Amón-Ra, miles de años antes que Jesús viniera. En esta ceremonia, el sacerdote invocaba con el sonido de una campanilla el espíritu de Osiris, levantando los brazos hacia una estrella flamígera de cinco puntas. El liquido incoloro de la copa de consagración se tornaba de un color rosado, y entonces sabían que su dios se había manifestado.

Esta creencia que prevalece todavía en la Iglesia Romana, fue uno de los grandes temas a ser tratado durante el periodo de la reforma del siglo XVI.

Diversas opiniones surgieron tratando de encontrar la verdad a esta doctrina tan central en el cristianismo, lo que produjo serios conflictos entre los reformadores. Entre ellos había varias posturas, aunque todos ellos se oponían a la transustanciación.

Martín Lutero, líder de la Reforma en Alemania escribió al respecto en su Legado "La Cautividad Babilónica de la Iglesia":

"Es un error, que se opone a las Escrituras, repugnante a la razón, contrario a lo que testifican nuestros sentidos de la vista, del olfato, del gusto y del tacto. Destruye el verdadero significado de este sacramento y conduce a una magna superstición e idolatría."

También reprocha a la Iglesia el hecho de negarle al pueblo la copa de la comunión, y de enseñar que la comunión es un sacrificio ofrecido a Dios. En éste, el sacerdote profesa ofrecer a Dios el mismo cuerpo y sangre de Cristo, como una repetición del sacrificio expiatorio del Señor, pero sin derramamiento de sangre.

El verdadero sacramento del altar, añade Lutero, es la promesa del perdón de los pecados hecha por Dios. Tal promesa se cumple con la muerte de Su Hijo. Ya que es una promesa, el acceso a Dios no se obtiene por las obras o los méritos, a través de los cuales tratamos de agradar a Dios, sino por fe. Porque, dónde está la Palabra de Dios, Quien prometió, "necesariamente se requiere la fe del hombre que la acepta."

En 1524 Lutero empieza su ataque, combatiendo la transustanciación y el sacrificio del altar, basado en las Sagradas Escrituras que establecen:

"Pero estando ya presente Cristo, sumo sacerdote de los bienes venideros, por el más amplio y más perfecto tabernáculo, no hecho de manos, es decir no de esta creación y no por sangre de machos cabríos, ni de becerros, sino por su propia sangre, entró una vez para siempre en el Lugar santísimo, habiendo obtenido eterna redención"
HEBREOS 9: 11–12

Aunque se mantuvo en firme oposición ante esas doctrinas, siempre sostuvo al igual que San Agustín, que durante la comunión, el creyente recibe en forma verdadera el cuerpo y la sangre de Cristo.

Entre los contemporáneos de Lutero aparece Swingli, quien dirigiera parte de la reforma en Suiza. Éste provenía de un trasfondo humanista, contrario al monacal de Lutero, y lo que ocasionó que divergiera en varias de las teologías del reformador alemán.

Éste le quitó a la Santa Cena la presencia de Dios, volviéndolo tan solo en un acto simbólico, en el cual Cristo estaba totalmente ausente.

Calvino, se colocó entre ambas posiciones, la de Lutero y la de Swingli. El mantuvo que sí hay una genuina recepción del cuerpo y de la sangre de Jesús durante la comunión, pero que ésta sucede a nivel espiritual.

Junto con Lutero, Calvino creía que en la Santa Cena los elementos eran signos de que Cristo estaba verdaderamente presente, y repudiaba las de Swingli, quien decía que estaba ausente. Estos dos primeros creían que Cristo se hacía presente, nutriendo con Su carne y Su sangre a los creyentes.

Es la posición calvinista la que es mayormente adoptada por la Iglesia evangélica, y la que también tiene mayor aceptación entre los teólogos contemporáneos católicos y luteranos.

Ésta propone que:

"La Santa Cena es un rito instituido por Jesús en el cual se parte el pan, y se bebe el fruto de la vid en un acto de acción de gracias, por el sacrificio expiatorio de Cristo. En este acto sacramental, el Espíritu Santo bendice la comunión con el cuerpo y con la sangre de Jesús, como anticipación a nuestra futura salvación"

Por causa de estas declaraciones, hoy por hoy, lo que tenemos es eso, un rito. Un acto religioso que no produce prácticamente nada en los creyentes.

Un formalismo que se cumple periódicamente en las iglesias. Un sacramento que "hay que hacer", pero que ha perdido toda la esencia que tuvo durante el tiempo de la iglesia primitiva. Dios está haciendo un llamado a volver al origen, a buscarlo a Él hasta encontrar lo que Él nos dejó por herencia.

"Y El envíe a Jesucristo, que os fue antes anunciado; a quien de cierto es necesario que el cielo retenga hasta el tiempo de la restauración de todas las cosas, de que habló por boca de sus santos profetas que han sido desde tiempo antiguo."
HECHOS 3: 20–21

La Iglesia de hoy tiene cosas hermosas y unciones poderosas pero carece de lo esencial. El amor entre hermanos, el poder y la vida sobrenatural de Dios manifestándose en todo aquel que cree, y el temor de Dios que conduce a una verdadera santidad. Sin estas tres cosas somos tan solo címbalos que resuenan, nubes sin agua llevados de aquí para allá. Somos la hermosa fachada de una estructura vacía. El sonido que sale de la Iglesia de hoy en general es un sonido ambiguo. Predicamos que tenemos una relación personal con Cristo, pero la gran mayoría tiene tan solo un concepto mental de Él, y en realidad no lo conoce. Predicamos de Su gran amor y de Su gran poder, y la iglesia

Dios está haciendo un llamado a volver al origen, a buscarlo a Él hasta encontrar lo que El nos dejó por herencia.

esta fragmentada y divida por todos lados en la tierra, llenos de chismes y destrucción, los unos contra los otros. Llena de gente enferma, endeudada, y en su mayor parte, en escasez financiera. Predicamos que le amamos, pero para una gran parte de los creyentes, no es importante cumplir con sus mandamientos, siendo que El dijo: *"El que me ama hace mis mandamientos."* ¿Por qué? Es la pregunta. ¿Por qué si aparentemente lo tenemos todo, en realidad no lo tenemos? La Iglesia primitiva caminó en un amor inefable de los unos por los otros. En Jerusalén llegaron a ser de una misma alma y un mismo sentir, al punto que tenían en común todas las cosas.

Vivieron un poder que sorprendía a todos. Era irrefutable la sobrenaturalidad de Dios que se manifestaba entre ellos, y a través de ellos.

El temor de Dios los sostenía en una vida maravillosamente Santa. Por causa de esto los cielos se manifestaban en medio de ellos. Veían ángeles, eran arrebatados de un lugar a otro, y vieron milagros extraordinarios.

El sonido que producían era verdadero. Vivían lo que hablaban, y eso afectó al mundo entero.

La razón de que ellos llegaron a ese nivel, es que entendieron el poder de la Santa Cena en una forma viva y poderosa, no como un rito, sino como la unión intima y reveladora del Espíritu de Cristo con el espíritu del hombre.

Tras de varios años de tomar la Comunión en la forma en que ellos lo hicieron, y vivir lo que ellos vivieron, encontré la herencia más grande del legado de Cristo. En estas páginas, es mi deseo darle lo que El me ha dado, para que alcance la más alta plenitud de su vida cristiana.

2 Comed de Mi Carne, Bebed de Mi Sangre

Llegó el momento en que Jesús habló las palabras quizás más importantes concernientes a Su legado en la tierra. Estas palabras sacudieron a todos Sus seguidores, y provocaron la ira más absoluta entre los religiosos de Su tiempo. Innegablemente estaba diciendo algo que estremeció el infierno. Algo que marcaría la división entre quienes realmente le habían sido entregados por el Padre, y quienes tan solo lo seguían por curiosidad o por conveniencia.

*"Yo soy el pan vivo que descendió del cielo;
si alguno comiere de este pan, vivirá para
siempre; y el pan que yo daré es mi carne, la
cual yo daré por la vida del mundo.
Entonces los Judíos contendían entre sí diciendo:
¿Cómo puede este darnos a comer su carne?
Jesús les dijo: De cierto de cierto os digo: si no
coméis la carne del hijo del hombre y bebéis su
sangre, no tenéis vida en vosotros.*

*El que come mi carne y bebe mi sangre, tiene vida
eterna y yo le resucitaré en el día postrero "*
JUAN 6:51–54

Aquí Jesús está hablando de un asunto de vida o
muerte; y que es de tal relevancia, que Jesús arriesga por
estas palabras el perder todos sus discípulos, y encender
en ira a los Fariseos.

Jesús estaba entregándonos la llave para la posesión
total de nuestra herencia, y por lo tanto, lo que Satanás
ha querido robarnos con más vehemencia a través de
las eras.

> Jesús estaba entregándonos la llave para la posesión total de nuestra herencia, y por lo tanto, lo que Satanás ha querido robarnos con más vehemencia a través de las eras.

¿Que es la Vida Eterna en Sí?

Jesús es el Hijo de Dios manifestado en carne. En El, se cumple el misterio insondable de que el Creador de todo el universo se una a la naturaleza humana. En Jesús, los cielos y la tierra están unidos en un mismo cuerpo.

*"Dándonos a conocer el misterio de
su voluntad, según su beneplácito,
el cual se había propuesto en sí
mismo de reunir todas las cosas
en Cristo en la dispensación del
cumplimiento de los tiempos,
así las que están en los cielos,
como las que están en la tierra."*
EFESIOS 1:9–10

La venida de Cristo marca el cumplimiento de los tiempos y la unión de todas las cosas, así las que están en los cielos, como las que están en la tierra.

Y esto es precisamente LA VIDA ETERNA.

Cuando Jesús fue engendrado, la naturaleza del Padre se fundió con la de la mujer. La sangre solo puede ser transmitida a través de la simiente del hombre al óvulo de la mujer.

Luego en este caso, el Padre Mismo puso Su vida en forma de sangre en el vientre de María. El Padre usó el medio de Su sangre para unir la naturaleza humana y la divina. Es por medio de esta sangre dada por el Padre, que la sangre de Jesús se forma. La eternidad, penetró el tiempo, y habitó por primera vez en un cuerpo en la concepción de Jesús. Y esto es precisamente LA VIDA ETERNA.

Este termino no solo significa vida que no muere, sino que tiene que ver con la naturaleza misma de Dios, penetrando nuestra humanidad, para hacer de nosotros, seres unidos a Él.

El hijo de Dios se hizo carne, y habitó entre nosotros y se sigue haciendo continuamente carne a través de Su cuerpo, que es la Iglesia.

Ahora, ¿cómo sucedió este gran milagro que empezó durante la anunciación?

"Respondiendo el ángel, le dijo: el Espíritu Santo vendrá sobre ti, y el poder del Altísimo te cubrirá con su sombra; por lo cual también el Santo ser que nacerá de ti, será llamado Hijo de Dios."

Lucas 1:35

Para que las dos naturalezas de Jesús se unieran, entraron en acción El Espíritu Santo, como vehículo, El

La naturaleza misma de Dios, penetrando nuestra humanidad, para hacer de nosotros, seres unidos a Él.

Padre aportando Su sangre, y la carne en el óvulo de María. De esta manera, la vida eterna que es Dios Mismo, se hizo primero sangre y luego carne.

Esto nos da luz sobre lo que Jesús está tratando de decirles a sus discípulos. No solo es necesario tener fe en mí, lo cual trae mi Espíritu y mi presencia a vosotros, sino que comáis de mi carne y bebáis de mi sangre para que la vida eterna entre en ustedes, y Mi Espíritu se haga uno con el vuestro. De la misma manera que el cuerpo necesita comida, vuestro espíritu también precisa ser nutrido para que yo lo pueda resucitar. (paráfrasis)

Jesús quiere decirnos que el espíritu del hombre necesita comer para vivir, y hace una analogía con el caminar sobrenatural del pueblo de Dios en el desierto:

> *"De cierto, de cierto os digo: No os dio*
> *Moisés el pan del cielo, más mi Padre*
> *os da el verdadero pan del cielo.*
> *Porque el pan de Dios es el que descendió*
> *del cielo y da vida al mundo."*
>
> JUAN 6:32

Debemos notar que para que el Padre pueda dar vida, es necesario que presente a Jesús en forma de alimento, esto es pan. Toda vida creada por Dios necesita no solo nacer, sino alimentarse, de otra manera se debilitará y morirá. Lo que es verdad para lo terrenal, es verdad para lo espiritual.

Jesús no hablaba al azar. Sus palabras eran cuidadosamente escogidas porque llevaban en ellas el Espíritu del Padre.

El dijo:

"Porque mi carne es verdadera comida y
mi sangre es verdadera bebida"
JUAN 6:55

Aquí Jesús va a introducir algo muy poderoso, y escoge para ello términos cotidianos: comer y beber. No está hablando de un ritual, ni de un memorial, ni está usando palabras religiosas en lo absoluto, sino de algo tan sencillo como lo es nuestro sustento diario.

Nuestro espíritu, para poder vivir y fortalecerse, necesita comer todos los días igual que nuestro cuerpo. El estaba estableciendo algo que sería una forma de vida, algo que se debía hacer a diario. Jesús quería hacerse presente en nuestro espíritu todos los días. Si Él hubiera querido darnos un ritual que se hiciera una vez al mes o al año, hubiera usado términos que simbolizaran una ocasión especial. Comer y beber no son celebraciones anuales o mensuales, sino algo VITAL Y COTIDIANO.

La Iglesia primitiva entendió esto sin ningún problema.

> Nuestro espíritu, para poder vivir y fortalecerse, necesita comer todos los días igual que nuestro cuerpo.

"Y perseverando unánimes cada día en el templo,
y partiendo el pan en las casas, comían juntos
con alegría y sencillez de corazón."

HECHOS 2:46

Jesús había infundido en Sus Apóstoles la importancia de participar de Su carne y de Su sangre para poder mantener la vida eterna en ellos.

No solamente mantendría la presencia de Dios continuamente en sus espíritus, sino que sería el requisito indispensable para HACER LAS OBRAS DE DIOS.

No solamente mantendría la presencia de Dios continuamente en sus espíritus, sino que sería el requisito indispensable para HACER LAS OBRAS DE DIOS.

"Trabajad no por la comida que perece, sino por la comida que a vida eterna permanece, la cual el Hijo de Hombre os dará; porque a éste señaló Dios el Padre.
Entonces le dijeron, ¿Qué tenemos que hacer para poner en práctica las obras de Dios?
Respondió Jesús y les dijo: Esta es la obra de Dios, que creáis en el que El ha enviado."

JUAN 6:27–29

Note que el contexto en que Jesús habla de creer en El y venir a El, es en cuanto a creer las difíciles palabras que El iba a hablar: Comed de mi carne y bebed de mi Sangre.

"Yo soy el pan de vida; el que a mí viene
nunca más tendrá hambre; y el que en
mí cree no tendrá sed jamás"
JUAN 6: 35

Su carne es verdadera comida y Su sangre es verdadera bebida. El que come y bebe de El, hará las obras de Dios, de la misma manera que Jesús las hizo. El Padre quien mora en Él, es el que hace los milagros asombrosos que El hizo.

"Como me envió el Padre viviente, y yo vivo por el
Padre, así el que me come, él también vivirá por mí"
JUAN 6:57

Jesús tenía muy claro que era el Padre el que operaba a través de El, para hacer las obras de Dios. Más adelante en este mismo evangelio podemos leer:

"¿No crees que yo soy en el Padre y el Padre en mí?
Las palabras que yo os hablo, no las hablo
por mi propia cuenta, sino que el Padre que está
en mí El es el que hace las obras."
JUAN 14:10

Jesús quería dejarnos por herencia, la misma forma de operar y de vivir que El tuvo. Y para esto necesitaba que nuestro espíritu participara de Su propia carne y sangre.

Al hacer esto nuestro espíritu permanecería en El, y esto haría que nuestras oraciones fueran escuchadas, y que su vida fluyera a través de nosotros para hacer las obras de Dios.

> *"El que come de mi carne y bebe de mi*
> *sangre en mí permanece, y yo en él"*
> JUAN 6:56

Como el comer y el beber son términos cotidianos, también lo es así el permanecer. Este último significa una morada permanente, el lugar donde vivimos todos los días. Jesús hablando más adelante en Sus enseñanzas acerca de esta permanencia dijo:

> *"Yo soy la vid y vosotros los pámpanos; el que*
> *permanece en mí y yo en él, este lleva mucho fruto;*
> *porque separados de mí nada podéis hacer.*
> *El que en mí no permanece, será echado fuera*
> *como pámpano, y se secará; y los recogen,*
> *y los echan en el fuego y arden.*
> *Si permanecéis en mí y mis palabras permanecen en*
> *vosotros, pedid lo que queréis, y os será hecho"*
> JUAN 15:1–3

¿Cómo vamos a permanecer en El? Comiendo de Su carne y bebiendo de Su sangre y guardando Sus mandamientos.

3 ¿Cómo Sucede Este Gran Misterio?

El hombre fue creado para vivir, experimentar y tener dominio en dos dimensiones: una material y una espiritual. Somos esencialmente espíritu, vivimos en un cuerpo, y tenemos un alma, que es el instrumento para comunicarnos y expresarnos en el mundo material. El mundo espiritual se nutre de lo espiritual, y el material de lo terrenal.

Cuando entramos al reino de Dios a través de un genuino arrepentimiento y compromiso de seguir a Jesucristo como Señor y Salvador, el Espíritu de Dios se une al del hombre, engendrándolo para que sea transformado en una nueva creación. A partir de ese momento crecerá y será fortalecido, a través de su alimento espiritual, que es la carne y la sangre de Jesús, además de la Palabra de Dios.

Cuando los elementos son santificados para participar de la Santa Cena, o Comunión, la presencia de Cristo se hace poderosísima en medio nuestro, esto no es un ritual, ni un memorial. Es algo genuino y verdadero que sucede en el mundo invisible.

El hombre fue creado para vivir, experimentar y tener dominio en dos dimensiones: una material y una espiritual.

Los elementos del pan y del fruto de la vid, permanecerán siempre siendo pan y extracto de uva, pero en la realidad invisible, el Cuerpo y la Sangre de Jesús se harán presentes en una forma grandiosa. Nuestro espíritu, literalmente beberá de Su sangre, y se unirá a Su carne y a Su cuerpo. Nuestro espíritu absorberá dentro de sí, la vida de Dios, y todo lo que está contenido en esa carne y en esa sangre. Dios y el hombre se irán mezclando entre sí, hasta que seamos totalmente consumidos dentro de El, y El en nosotros, para convertirnos cada vez más en un solo espíritu.

"El que se une a Jesús, un espíritu es con El"
1A. Corintios 6:17

Esto es en lo que creyó la Iglesia primitiva, y por eso las obras de Dios eran hechas en forma sorprendente. La Santa Cena no era un sacramento religioso ni mucho menos. Era la vida misma de Jesús, sin la cual, ellos no podían vivir.

Esta vida era tan visible en ellos, y las obras de Dios tan sorprendentes, que eran semejantes a un faro de luz divina sobre el agua, atrayendo hacía sí una enorme multitud de peces.

No querían por nada de este mundo perder esa gracia maravillosa, la esperanza de gloria, Cristo viviendo y obrando a través de ellos. El temor de Dios los mantenía en santidad y en profundo amor los unos por los otros, y así daba comienzo la primera gran cosecha de almas.

"Y perseveraban en la doctrina de los apóstoles, en la comunión unos con otros, en el partimiento del pan y en las oraciones. Y sobrevino temor a toda persona y muchas señales y maravillas eran hechas por los apóstoles. Todos los que habían creído estaban juntos y tenían en común todas las cosas....Y perseverando unánimes cada día en el templo y partiendo el pan en las casas, comían juntos con alegría y sencillez de corazón, alabando a Dios y TENIENDO FAVOR CON TODO EL PUEBLO. Y EL SEÑOR AÑADIA CADA DIA A LA IGLESIA LOS QUE HABIAN DE SER SALVOS"
HECHOS 2:42–47

La Comida y la Bebida Espiritual

"Jesús les dijo: De cierto, de cierto os digo: si no coméis la carne del Hijo del Hombre y bebéis su sangre no tenéis vida en vosotros."
JUAN 6:53

Cuando el Señor nos habla de comer o de beber algo espiritual, tiene que ver con apropiarnos de eso. Quiere decir hacerlo parte de nuestra vida y de nuestro ser. Dejar que impregne nuestro espíritu, nuestra alma y nuestro cuerpo.

En la Palabra, tenemos varios ejemplos, en los que Dios da de beber o de comer en forma espiritual, a algunos de sus siervos, y aún a Su propio Hijo. A través de estas experiencias, nos podemos dar cuenta del efecto que esto tuvo en sus vidas.

Uno de estos hombres fue el profeta Elías, quien fue fortalecido por comida impregnada del cielo, mientras escapaba de la reina Jezabel para salvar su vida.

"Y echándose debajo del enebro, se quedó dormido;
y he aquí luego un ángel le tocó, y le dijo:
levántate y come.
Entonces él miró, y he aquí a su cabecera una torta
(pan) cocida sobre las ascuas, y una vasija de agua;
y comió y bebió y volvió a dormirse.
Y volviendo el ángel de Jehová la segunda vez,
lo tocó diciendo: Levántate y come, porque
largo camino te resta.
Se levantó pues y comió y bebió; y fortalecido con
aquella comida caminó cuarenta días y cuarenta
noches hasta Horeb, el monte de Dios."

1A. REYES 19:5–8

El ángel de Jehová no es otro sino Jesús antes de Su venida en carne. Aquí, El le da una comida que afecta de tal manera todo su ser que lo lleva en un caminar sobrenatural hasta el monte de Dios.

Algo poderosísimo sufrió el cuerpo de Elías al comer esa comida. La torta era pan natural, lo mismo que el pan de la Santa Cena, pero por cuanto es dado por el Ángel de Jehová, el espíritu de Elías es lleno del poder sobrenatural de Dios. Elías no solo hace una proeza física caminando sin descanso hasta Horeb por cuarenta días, sino que la comida lo conduce hasta un encuentro único con el Padre.

Note que la decisión de ir al Santo Monte de Dios, no proviene de la mente o del corazón temeroso de Elías, sino que es inspirado por el Ángel, el cual lo sustenta por medio de ese pan del cielo. Hay encuentros divinos que nos están esperando. Revelaciones reservadas por el Padre, que solo vendrán a través de ese divino alimento que solo Jesús nos puede dar.

Cuando Elías emprendió el camino, no sabía hacia donde se dirigía, pero en ese pan estaba contenida la dirección de sus pasos. El camino que lo llevaría a encontrarse con Dios a cara descubierta. Ahí le sería revelado su legado ministerial y la obra invisible del Altísimo, en siete mil escogidos que llevarían a cabo los planes de Jehová el Señor.

Comer de Su carne es mucho más que alimentarse, es entrar en dimensiones con Dios, que transforman todo nuestro ser y nuestro entendimiento.

Mi esposo y yo tomamos la Cena del Señor prácticamente todos los días y muchas veces descienden ángeles a darnos ese sustento sobrenatural.

Dios me ha llevado a subir muchas montañas en batalla espiritual, para liberar regiones enteras del poder del enemigo. Y cada mañana antes de empezar el ascenso cuando tomamos la comunión, viene una fuerza de lo alto que nutre todo nuestro cuerpo, y somos llenos de una vitalidad sobrenatural que nos lleva a vencer cualquier fatiga.

> Hay encuentros divinos que nos están esperando. Revelaciones reservadas por el Padre, que solo vendrán a través de ese divino alimento que solo Jesús nos puede dar.

En una ocasión, en una poderosa misión de intercesión en Irak, el Señor nos sustentó por 15 días sin dormir, ni de día, ni de noche, y llevando a cabo largas caminatas bajo un sol de 53° C. Y esto, por el poder contenido en Su carne y en Su sangre.

Mi esposo es un ayunador como no conozco otro. Hay años en que ayuna más de doscientos días, y en ayunos prolongados de cuarenta o cincuenta días, han bajado ángeles a alimentarlo con una comida de luz, tras de participar de la comunión.

Estas experiencias y tantas otras, son parte de nuestro vivir cotidiano. Porque hemos descubierto que es la realidad espiritual contenida en esos simples elementos, la que da vida, poder y energía vital a nuestro cuerpo físico.

El Pueblo de Dios, en su peregrinar por el desierto, antes de entrar a la tierra prometida, sobrevivió sustentado sobrenaturalmente. El Padre proveyó para ellos pan del cielo, y agua que brotaba sin cesar de una roca. Esto era como una figura que tipificaba el alimento espiritual que Jesús nos daría en Su carne y en Su sangre.

Esta nutrición en el espíritu, es la única que nos puede sustentar, y llevar con bien hasta nuestra tierra prometida, que es una vida sobrenatural, una vida donde los cielos son una realidad palpable.

Ellos no se enfermaban. Su ropa y sus zapatos no se envejecían, y aún crecían en los cuerpos de los niños y los jóvenes.

El pan y el agua hacían descender toda la sobrenaturalidad del reino de Dios en medio de ellos. Y esto es lo que sucede, cuando comemos esa verdadera comida y esa verdadera bebida.

*"Porque no quiero hermanos que ignoréis que
nuestros padres todos estuvieron bajo la nube y
todos pasaron bajo el mar, y todos en Moisés fueron
bautizados en la nube y en el mar, y todos comieron
del mismo alimento espiritual, y todos bebieron de
la misma bebida espiritual;, porque bebían de la
roca espiritual que los seguía, y la roca era Cristo"*
1a. Corintios 10:1–4

Comer y beber este alimento, va a tener un efecto
tanto en el mundo espiritual, como en el natural.

Estos dos verbos tienen que ver con apropiarnos de
algo que proviene de Dios, y hacerlo carne en nosotros
mismos.

Cuando al Apóstol Juan le es dado a comer un librito en su arrebatamiento a los cielos descrito en el
Apocalipsis, Dios está implicando con esto, que se
apropie de toda la verdad contenida en esas revelaciones. Que las haga suyas, hasta que sean una parte
integral de su ser.

*"La voz que oí del cielo habló otra vez
conmigo, y dijo: Ve y toma el librito que está
abierto en la mano del ángel que está en pie
sobre el mar y sobre la tierra...
Entonces tomé el librito de la mano del ángel, y lo
comí y fue dulce en mi boca como la miel; pero
cuando lo hube comido amargó mi vientre.
Y el me dijo: es necesario que profetices otra vez
sobre muchos pueblos, naciones, lenguas y reyes."*
Apocalipsis 10:8, 10–11

Este librito fue un alimento que contenía toda la Palabra revelada para los tiempos del fin. Toda Palabra que sale de la boca de Dios es alimento. Por eso Jesús dijo:

*"No solo de pan vivirá el hombre sino de toda
palabra que sale de la boca de Dios"*
LUCAS 4:4

La palabra que estaba recibiendo Juan, era dulce porque provenía del cielo, pero le amarga el vientre porque contenía los juicios y la ira de Dios.

Juan tenía que hacer suyo el dolor y la indignación del Padre, para poder profetizar con autoridad y veracidad.

Otra bebida espiritual la encontramos, cuando Jesús tiene que tomar la copa de la justicia de Dios, con toda Su ira contra el pecado de la humanidad.

*"Jesús entonces dijo a Pedro: Mete tu espada
en la vaina. La copa que el Padre me ha dado
¿No la he de beber?"*
JUAN 18:11

El efecto de esta copa que El habría de beber espiritualmente, afectaría todo Su Ser. En Su alma y cuerpo llevaría el pecado, la inmundicia, la iniquidad y todas las abominaciones de los hombres. Y en Su Espíritu, el dolor inconmensurable con que estos habían traspasado el corazón del Padre.

En una maravillosa descripción de este momento, Gene Edwards escribe:

"La copa escupió su vil veneno hasta que todo su contenido impregnó los vientos de la tierra.

Yo observaba, como todos los pecados de los hijos de Abraham se escurrieron dentro de ella. Miré los siglos de rebelión, idolatría, incesto, asesinato, mentiras y engaños, abriéndose camino para entrar en la copa. Todos los pecados de la raza hebraica se hacían uno con ella." (El Día en que Fui Crucificado—The Day I Was Crucified)

En esta copa, Jesús traería del cielo a la tierra, el sacrificio con el que Él fue inmolado antes de la fundación del mundo. Lo que había sucedido en los cielos, ahora se materializaría en el sufrimiento de Cristo.

Cuando se bebe del cielo, los diseños de Dios impregnan la tierra, y en este caso, el designio del Padre era Su propia muerte en la cruz.

La comida espiritual necesariamente afecta todo el ser. No es un símbolo muerto, sino un vinculo que une los cielos y la tierra.

Lo que quiero remarcar con todo esto es que la bebida y la comida espiritual necesariamente afecta todo el ser. No es un símbolo muerto, sino un vinculo que une los cielos y la tierra.

En el cielo, hay diferentes tipos de bebida y de comida, y cada una de estas sirve para darnos una parte de Dios. Para abrirnos camino a maravillosas revelaciones y vivencias en Cristo Jesús.

La Biblia habla del agua de vida, que sacia la sed del espíritu y del alma.

"Y el Espíritu y la esposa dicen: Ven.
Y el que tiene sed venga; y el que quiera tome
del agua de la vida gratuitamente."
APOCALIPSIS 22:17

Esta agua de vida, como veremos más adelante, está unida al Espíritu de Dios y a la sangre de Cristo, y tendrá su efecto vital en nosotros cuando entendamos la forma en que estos tres actúan. Al sernos revelada la sangre, su poder, su alcance, y todo lo que en ella hay, seremos llevados a la fuente de la vida para beber de ella.

> *"Y tres son los que dan testimonio en*
> *la tierra: El Espíritu, el agua y la sangre;*
> *y estos tres concuerdan"*
> 1a. Juan 5:8

En el reino de Dios hay también bebidas exquisitas y embriagantes, como lo es beber del Vino Nuevo del Espíritu. Jesús les habla a sus discípulos de este Vino Nuevo, que tiene que ser puesto en odres nuevos (Efesios 5:18), refiriéndose al tiempo en que ellos beberían del Espíritu Santo.

Al ir entendiendo los misterios maravillosos escondidos en la Santa Cena, se abrirán portales de conocimiento. Varias de esas puertas pertenecen a la Nueva Jerusalén que descenderá del cielo, pero que también ya está en nosotros. Jesús dijo que el reino de Dios estaba en medio nuestro. Porque donde Dios habita ahí está Su reino. En ella se encuentra el Arbol de la Vida que es Jesús, del cual aprenderemos a comer, para vivir en perfecta salud.

> *"En medio de la calle de la ciudad, y a uno y a otro*
> *lado del río, estaba el árbol de la vida, que produce*
> *doce frutos, dando cada mes su fruto, y las hojas del*
> *árbol eran para sanidad de las naciones."*
> Apocalipsis 22:2

La Biblia también habla de bebidas abominables pertenecientes al reino de las tinieblas, el cual trata de emular al reino de Dios y sus principios. Una de estas bebidas, es el cáliz lleno de fornicación de la gran ramera del Apocalipsis.

"Y la mujer estaba vestida de púrpura y escarlata y adornada con oro y de piedras preciosas y de perlas; y tenía en la mano un cáliz de oro lleno de las abominaciones y de la inmundicia de su fornicación.
Porque todas las naciones han bebido del vino del furor de su fornicación; y los reyes de la tierra han fornicado con ella."
APOCALIPSIS 17:4; 18:3

Podemos ver también que durante los tiempos de Pablo, ya existía entre los gentiles una forma corrompida de participar en un ritual, en el que se bebía de una copa y se participaba de un pan, sacrificándolos a los ídolos de madera.

"¿Qué digo pues? ¿Qué el ídolo sea algo, o que sea algo lo que se sacrifica a los ídolos? Antes digo que lo que los gentiles sacrifican, a los demonios sacrifican y no a Dios; y no quiero que vosotros os hagáis partícipes con los demonios.
No podéis beber la copa del Señor y la copa de los demonios; No podéis participar de la mesa del Señor y de la mesa de los demonios."
1A. CORINTIOS 10:19–21

Luego el beber y el comer como el símbolo de algo verdadero en el espíritu, son actos que vinculan el mundo espiritual con el mundo material. A través de estos, el Espíritu de Dios o los demonios conforme sea el caso, harán su obra completa.

PARTE  **2**

El Misterio De La Sangre En La Comunión

4   La Sangre en el Mundo Espiritual

¿**P**or qué es tan importante la sangre para Dios? Y, ¿qué significa en el mundo espiritual? La sangre es el primer elemento expiatorio que Dios revela al hombre. Desde la caída del ser humano hasta la revelación del futuro glorioso de la Iglesia, vemos una intervención constante de Dios. Un hilo de grana que hilvana toda la Escritura, y este hilo es la sangre.

Jamás vamos a alcanzar plenitud, paz de espíritu, victoria total, si no entendemos el misterio poderoso de este elemento.

El Sumo sacerdote de Israel tenía que entrar en el Lugar Santísimo del templo una vez al año, para hacer expiación por el pueblo. Para reconciliar al hombre con Dios. A este respecto dice la Palabra:

> *"Pero en la segunda parte, (podía entrar) sólo el sumo sacerdote una vez al año, no sin sangre, la cual ofrece por sí mismo y por los pecados de ignorancia del pueblo"*
> HEBREOS 9:7

Desde que el hombre cayó en pecado en el huerto del Edén, se ha encontrado separado de Dios. El pecado terminó con el plan de Dios, y lo alejó de Su creación más amada. Por eso es que Dios lo aborrece de tal manera, porque nos aísla de nuestra comunión con Él. Dios tenía que proveer algo que fuera tan poderoso, que contrarrestara todo lo que el pecado había destruido. Algo tan poderoso, que satisficiera Su ira y el clamor de Su propia justicia, que reclamaba el pago por la transgresión. Solo había una sola cosa que podía tener este poder: El amor de Dios brotando de la fuente misma de la redención, a través de la sangre derramada de Jesús.

Esta sangre fue tipificada, a través de sacrificios de animales ofrecidos a Dios en el Antiguo Testamento como sombra y figura de Cristo, Quien haría el sacrificio perfecto. Esta víctima tomaba el lugar del pecador. Una vida era tomada para que la otra prevaleciera.

Abel fue el primer sacerdote, el primer profeta a quien Dios le revela el poder de la sangre. La vida de Abel estaba consagrada para presentar sacrificio a Jehová. En aquel entonces el hombre no comía carne. Esto empezó después del diluvio. Así que la única razón por la cual Abel cuidaba de un rebaño, era para ofrecer el sacrificio debido a Dios. La sangre fue desde entonces, el único medio para acercarse a Dios, y lo sigue siendo hasta ahora.

> Jamás vamos a alcanzar plenitud, paz de espíritu, victoria total, si no entendemos el misterio poderoso de este elemento.

Fuera de este precioso elemento, el hombre no puede recibir de Dios, ni Sus bendiciones, ni Su comunión, ni Su revelación, ni Su poder. Este es el primer estatuto para que el hombre pueda venir a Dios. Sin este sacrificio, Enoc no hubiera podido jamás ser arrebatado a los cielos, ni Noé hubiera podido escuchar al Señor. El sabía lo que tenía que hacer, y después del diluvio santificó la tierra, ofreciendo un sacrificio a Jehová.

"Y edificó Noé un altar a Jehová, y tomó de todo animal limpio y ofreció holocausto en el altar."
GÉNESIS 8:20

La nueva tierra había quedado consagrada y el primer mandamiento que Dios da es:

"Pero carne con su sangre, no comeréis. Porque ciertamente demandaré la vida de vuestras vidas"
GÉNESIS 9:4

La sangre es algo que le pertenece a Dios y que no puede ser tomada a la ligera. Hay algo profundo en ella que Dios mira. Algo que Dios diseñó dentro de la sangre, que tiene su sello, y por esto debe ser respetada.

¡Una vida es puesta para salvar otra vida! Este es el principio de todo sacrificio expiatorio, y es también el principio a través del cual Cristo nos redimió.

En la primera pascua vemos repetirse esto mismo: En Egipto, Dios le había dicho a Moisés que el ángel de la muerte pasaría matando a todo primogénito. Jehová entonces les manda sacrificar un cordero y ponerlo en los dinteles de las puertas.

*"Y ejecutaré mis juicios en todos los dioses de
Egipto. Yo Jehová, y la sangre os será por señal en
las casas donde vosotros estéis; y veré la sangre y
pasaré de vosotros y no habrá plaga de mortandad
cuando hiera la tierra de Egipto."*
Éxodo 12:12–13

Aquí Dios establece un fundamento a perpetuidad:
Los que están bajo la protección de la sangre del sacrificio no pueden ser tocados por la muerte. No solo era
necesario matar un cordero pascual y derramar su sangre. Tenía que ponerse en los dinteles de las puertas. De
esta misma manera, no basta con que Jesús haya derramado su sangre, esta tiene que ponerse en los dinteles de
las puertas del corazón del hombre, el cual es su casa, y
esto se hace a través del hecho de beber de Su sangre.
Jesús dice:

*"He aquí yo estoy a la puerta y llamo;
si alguno oye mi voz y abre la puerta, entraré
a él y cenaré con él y él conmigo"*
Apocalipsis 3:20

Esta puerta es el interior del ser humano, y esta cena
es el nuevo pacto en Su sangre.

Es a través de la sangre, que Dios ejecuta el juicio sobre
Egipto, símbolo del mundo y de la vida pecaminosa, y literalmente arranca a Su pueblo del yugo de Faraón.

Y esto es lo que hace la comunión con la sangre de
Cristo. Trae juicio sobre el pecado, lo destruye de nuestras vidas, y nos saca a un caminar nuevo con El.

Es en este caminar, que el Tabernáculo de Su presencia va a ser edificado en nuestro interior, como lo fue también en el desierto. Entre la salida de Egipto y la entrada a la tierra prometida, Dios tiene que edificar Su morada entre los hombres, y establecer Sus leyes en el corazón de Sus hijos. Y es ahí donde la sangre avanza en su trayectoria hacia lo profundo de nuestro ser. La sangre ya no solo será una señal de salvación en el dintel del corazón, sino que tiene que ser derramada en el altar, y de ahí ser llevada hasta el Lugar Santísimo que es nuestro espíritu. La sangre tiene que recorrer y santificar todo nuestro interior, para que éste se constituya en morada del Altísimo.

Era muy claro en el antiguo pacto que a este lugar sagrado no se podía entrar sino por medio de la sangre. La comunión mas fuerte y más pura con la presencia de Dios, solo se puede lograr por medio de la unión de Su sangre con nuestro espíritu.

"El que come mi carne y bebe mi sangre en mí permanece y yo en él."
JUAN 6:56

El Contenido de la Sangre

En la Sangre Se Encuentra la Vida de Dios.

La sangre es el elemento donde se encuentra la vida; y es el origen de esta vida, lo que determina el valor de ella. La Biblia establece:

> *"porque la vida de la carne en la sangre está,*
> *y yo os la he dado para hacer expiación*
> *sobre el altar por vuestras almas; y la misma*
> *sangre hará expiación por la persona."*
> LEVÍTICO 17:11

Cuando vemos la vida de los animales, entre más grande este sea, mas valiosa es su vida para llevar a cabo un sacrificio. Uno es el valor de una tórtola y otro el de un buey. Entre los hombres es lo mismo. Para los paganos que sacrifican seres humanos, uno es el valor de una doncella y otro el de un hijo primogénito. Pero la sangre más valiosa, es sin lugar a dudas la del Hijo Unigénito de Dios.

La vida en la sangre es representada por la palabra "Zoe" en el griego. Todo lo que respira y vive posee el "zoe" de Dios. Esto es la energía vital que caracteriza a todo ser viviente. No obstante el "zoe" no es la naturaleza del Altísimo.

Jesús nació siendo engendrado de la misma vida del Padre que poseía todo lo que Dios es, pero también poseía el zoe que venía de su madre, y esta es la vida que lo hacía un ser mortal.

> " *El cual (Jesús) siendo en forma de Dios no estimó*
> *el ser igual a Dios como cosa a que aferrarse, sino*
> *que se despojó a sí mismo tomando forma de siervo,*
> *hecho semejante a los hombres;"*
> FILIPENSES 2:6–7

La vida de Jesús, con características perecederas, fue transformada en vida de resurrección, cuando conquistó la muerte y se levantó de los muertos. La vida que hay en Su sangre es vida que no puede morir.

Cuando Jesús descendió al infierno, la vida en Su sangre fue llena del glorioso poder del Espíritu de Dios, y toda la sustancia mortal y corruptible de Su sangre humana sufrió una transformación en los niveles más profundos de Su configuración biológica. A partir de este momento, la sangre y el Espíritu de Dios se unieron para dar lugar al milagro más grande de la historia: La resurrección de Cristo.

> "*Y el Dios de paz, que resucitó de los muertos a*
> *nuestro Señor Jesucristo, el gran pastor de las*
> *ovejas, por la sangre del Pacto eterno..."*
> HEBREOS 13:20

La unión de esa sangre gloriosa con el Espíritu de Dios, produjeron en el cuerpo de Jesús, la total absorción de todo lo mortal, y lo arrancaron literalmente del poder de la muerte y del infierno. El poder invencible de la resurrección impregnaba ahora el cuerpo redimido de Jesús. Y la vida en Su sangre era ahora la herencia más poderosa que podía legarnos.

> Y la vida en Su sangre era ahora la herencia más poderosa que podía legarnos.

Pablo vivía esta realidad en sus propias venas y en la plenitud de su espíritu, y es lo que quiere trasmitirnos.

El sabía que el beber de la sangre del pacto, no era un ritual, ni un pequeño sorbo de líquido que desaparecía a los diez minutos. Todo su ser sabía que estaba impregnado de ese fluido vital. La sangre de Jesús penetra nuestro espíritu y se expande hasta inundar cada célula de nuestro cuerpo, y hasta transformar nuestra alma completamente. Todo el poder de Su vida de resurrección circula y actúa poderosamente en nosotros.

El oraba para que nuestros ojos fueran abiertos, y que entendiéramos realmente lo que era esta herencia que Jesús nos había entregado.

"Alumbrando los ojos de vuestro entendimiento, para que sepáis cual es la esperanza a que él os ha llamado, y cuales las riquezas de la gloria de su herencia en los santos, y cuál la supereminente grandeza de su poder para con nosotros los que creemos, según la operación de su fuerza, la cual operó en Cristo resucitándole de los muertos y sentándole a su diestra en los lugares celestiales."
EFESIOS 1:18–20

Acabamos de leer que gracias a Su sangre, el poder del Espíritu de Dios lo resucitó de los muertos. Y este poder de supereminente grandeza es el que ahora opera en nosotros. Jesús quería que bebiéramos de Su sangre para entregarnos esta maravillosa herencia.

Un día, tuve una gloriosa experiencia que transformó toda la concepción que yo tenía de esa vida en la sangre de Jesús, que ahora es parte de mi ser.

Acababa de tomar la comunión y me deleitaba en la meditación profunda de mi Señor, cuando mi espíritu fue llevado al lugar Santísimo en los cielos.

El arca del pacto radiaba, llena de una energía deslumbrante difícil de describir. Era como un fuego increíblemente denso y revolvente, y rayos salían de en medio de este.

Entonces vi entrar a Jesús. Solo podía ver Sus vestiduras blancas y resplandecientes. Su rostro estaba oculto tras una gloria refulgente que lo envolvía. Una ingrávida masa informe, como un líquido volátil, que flotaba, estaba delante de Él y avanzaba hacia el arca. Era Su sangre.

De pronto la puso sobre el propiciatorio, entre los dos querubines que guardan la cubierta. Un poder magnificente se produjo en ese instante. Era como ver la explosión de una bomba atómica. Todo se sacudía vigorosamente en el cielo y en la tierra. Y un estruendo interminable llenó todo el lugar.

En ese momento, la fuerza poderosísima que salía de la sangre y del arca me alcanzaron, y sentí como si una descarga de miles de voltios me electrocutaba. Todo mi cuerpo se había vuelto rojo. Su sangre estaba en cada átomo de mi ser. Y el poder del arca estaba ahora sobre mí. Lo veía circular como si fueran cientos de relámpagos que recorrían todo mi cuerpo. Creí que me moría literalmente. Era insoportablemente poderoso para un ser mortal y común como yo. Su voz resonaba fuertemente diciendo: "El Padre ha recibido Mi sangre y ahora, ésta se ha unido con Su Espíritu, recibe la vida en mi sangre."

Algo, que no alcanzaba a comprender me estaba sucediendo que cambiaría todo lo que yo conocía acerca de Su sangre. Entonces volví a aparecer en mi recamara, pero todo en mí era diferente. Nunca más concebiría la sangre de Jesús como un ritual, o una proclamación verbal, como lo había aprendido. Ahora era algo que me llevaría a entender y a conocer a Dios en una forma mucho más profunda.

Los escritos de Pedro acerca de la vida divina empezaron a tener mucho más sentido. Era como haber encontrado una veta de oro en una mina. Ahora solo tenía que seguirla.

"Como todas las cosas que pertenecen a la vida
y a la piedad nos han sido dadas por su divino
poder, mediante el conocimiento de aquel que nos
llamó por su gloria y excelencia, por medio de las
cuales nos ha dado preciosas y grandísimas
promesas, para que por ellas llegaseis a ser
participantes de la naturaleza divina..."
2A. PEDRO 1:3–4

El participar de Su sangre y de Su carne me estaban llevando a un conocimiento de Dios maravilloso. Su vida estaba invadiendo día a día mi espíritu. Los ríos de agua de vida fluyendo de mi interior empezaron a ser reales, y lo primero que llenaban era mi alma, y luego mi cuerpo. Esto lógicamente, empezó a afectar positivamente mi salud, mi fuerza y mi energía vital. Tenía una nueva resistencia, y muchas veces, aún los jóvenes no podían aguantar mi ritmo de vida.

El estar en contacto con Su vida, y unida con Su naturaleza me estaban llenando de luz, y Su luz me abría otra vez un nuevo horizonte.

En la Sangre Se Encuentra la Luz de Dios

"Todas las cosas por Él fueron hechas y sin él nada de lo que ha sido hecho, fue hecho. En Él estaba la vida y la vida era la luz de los hombres, y las tinieblas no prevalecieron contra ella."

JUAN 1:3–5

> La luz en la sangre de Jesús es lo que transforma el ámbito espiritual, y le quita toda la fuerza al diablo.

La vida de Dios es luz líquida que corre por las venas de Jesús. Y esta luz es visible en el mundo espiritual, y tremendamente temida por las tinieblas.

La luz en la sangre de Jesús es lo que transforma el ámbito espiritual, y le quita toda la fuerza al diablo. La oscuridad que es el medio en el que operan Satanás y sus huestes, carece de sustancia. Su definición por excelencia es: la ausencia de la luz. Cuando encendemos una luz, las tinieblas dejan automáticamente de existir.

Así como los peces necesitan del agua para vivir, el diablo necesita de tinieblas para subsistir. Exponer al diablo a la luz de Dios es lo mismo que sacar un pez del agua. Pierde toda su fuerza hasta que muere o en el caso del diablo, éste cae derrotado.

Empecé a entender que a través de beber la sangre de Jesús, Su luz corría por mis venas, y de esta manera, me volví un temible enemigo para el diablo. El reino de las tinieblas se dio cuenta que yo conocía con gran entendimiento, la luz de mi espíritu, y que ésta crecía en la medida que bebía la sangre de Jesús. Esto literalmente, llenó de terror al diablo. Ya no sería fácil presa para él, ni sus engañadores podrían hacerme caer en sus trampas tan fácilmente.

Muchas veces al tomar la cena del Señor, paso largo tiempo meditando en mi espíritu, en esta luz maravillosa que emana de Su vida. A veces estoy tan profundamente metida con Dios que he llegado a ver el brillo de mi espíritu.

Dios me permitió subir al monte Everest para consagrarlo para El, y para derribar las fortalezas del diablo, que tenían cautivas a muchas naciones desde ese lugar.

Para llegar a lo que sería nuestro centro de operaciones en la montaña, tuvimos que hacer un recorrido de nueve días subiendo y bajando los Himalayas, en travesías que a veces llegaron a ser de doce horas. Uno de esos días, subimos por horas una pendiente que parecía que no tenía fin. Casi mil quinientos metros de ascenso sin parar. Varios de los intercesores que se quedarían a media montaña, para cubrir en oración la expedición, no tenían mucha experiencia, y nos empezaron a retrasar en gran manera. La noche cayó sobre nosotros, y no estábamos preparados con linternas, ya que debimos haber llegado a nuestro objetivo a media tarde. No se veía absolutamente nada. Había precipicios por todos lados y empezaba a llover. La situación era desesperante porque no había a quien pedirle ayuda. Empezamos a orar por un milagro, que era lo único que nos salvaría. De pronto, algo maravilloso empezó a suceder. Luz empezó a salir de nuestros cuerpos e iluminó el camino. Era una luz azulosa muy tenue pero que nos permitía ver donde dar el siguiente paso. Fue una experiencia sin igual.

A principios del siglo veinte, el Señor levanto a uno de los hombres más poderosos que han hecho historia en el reino de Dios: John G. Lake. Misionero americano en el África. El fue conocido por el extraordinario don de sanidades que se movía en su ministerio. Su santidad y conocimiento de Dios, han inspirado a grandes ministerios de hoy.

John G Lake participaba de la Santa Cena todos los días, y esto afecto su vida física y espiritual grandemente. Muchos misioneros iban al África en aquellos tiempos y morían de las diversas enfermedades que proliferaban en el continente negro. Sin embargo John no se enfermaba. Esto atrajo la atención de algunos investigadores, los cuales le pidieron una muestra de su sangre para analizarla. Querían descubrir cual era el antídoto que preservaba al misionero en tan buena salud.

Tomaron entonces la muestra, y pusieron todo tipo de gérmenes de las enfermedades más terribles. Y cuentan sus biógrafos, que de su sangre salía luz que quemaba los gérmenes. La vida de Dios se había hecho una con la sangre del poderoso misionero.

Otra característica de la Luz es que ilumina el entendimiento. Su luz radia en nuestro interior, y nos conduce a gloriosas revelaciones de los misterios escondidos de Dios.

En mi libro "Sentados en Lugares Celestiales" hablo en gran profundidad acerca de cómo volvernos manifestadores de luz.

La vida, la luz y el amor de Dios están íntimamente ligados en Su sangre.

En la Sangre Se Encuentra el Amor de Dios

Dios es amor, y ese amor estaba contenido en la sangre del Padre, que entraría en el vientre de María para engendrar a Su Hijo. Jesús nació llevando la marca de este amor que sobrepasa todo entendimiento.

El amor que todo lo da sin reservas. Esta es la naturaleza del Padre, darse y dar desmedidamente. Encontrarse con el amor de Dios es la puerta a todo lo que El es, y a todo lo que el posee.

Dios creo al hombre por causa del amor. Dios necesitaba un ser conforme a El Mismo, en quien verter todo lo perteneciente a Su esencia de amor. Y así fue como fuimos creados para ser lo más amado por El.

El amor es plenitud. Donde esta el amor, hay paz, gozo, satisfacción completa. No hay anhelo, ni logro, ni meta que contenga todo lo que el amor provee en el espíritu y en el alma del hombre. Aún el cuerpo recibe sus beneficios, llenándose de la salud y la fuerza vital con los que solo el amor vivifica.

El amor no es un sentimiento, ni es algo que pueda crear el hombre, porque es de origen divino. El amor es una persona, es Jesús venido en carne.

> El amor es plenitud. Donde esta el amor, hay paz, gozo, satisfacción completa.

El quiere vivir a través de nosotros, y llenar la tierra de amor. El es el Maestro y el proveedor del perfecto amor. Por eso dijo:

"En esto conocerá el mundo que sois mis discípulos; en que os amáis los unos a los otros como yo os he amado"
JUAN 13:35

En Su sangre está contenido este amor maravilloso, y al beber de ella nos vamos llenando más y más de El. Lo vamos entendiendo y deseando más que cualquier cosa en el mundo. El amor vive y palpita a través de la sangre de Jesús. Nos lleva a amar donde es difícil hacerlo, y nos lleva a aborrecer toda separación. Porque fue esto lo que hizo Jesús: nos amó a los que lo traspasamos, para cerrar la brecha entre Dios y el hombre, y reconciliarnos otra vez con el Padre.

Dice la Escritura que la sangre de Jesús habla, que clama a Dios por haber sido derramada. Pero es el amor en ella que nos procura y nos acerca a El, que gime por nosotros porque no soporta estar separado de los que amó, poniendo Su vida de por medio.

"A Jesús el mediador del nuevo pacto, y a la sangre rociada que habla (de misericordia) de un mensaje mejor y más lleno de gracia, que la sangre de Abel (la cual clamaba por venganza)"
HEBREOS 12:24 VERSIÓN AMPLIFICADA

La máxima manifestación del amor del Padre es haber dado a su Hijo Unigénito en sacrificio por nuestros pecados. Nos amó más que el dolor que le produjo ver a Jesús ser brutalizado, y puesto a muerte en la cruz. Porque el amor procura a su ser amado, el amor no rechaza, el amor redime. El amor tiene buena voluntad para con los hombres, no se enfoca en los defectos, sino en las virtudes. No tiene como algo importante nuestros hechos, sino quienes somos para Él. Sufre y se expone a vituperio cada día, con tal de ser la inmutable bandera de amor sobre nosotros. El amor no cierra su corazón ante nuestras traiciones, nuestras indiferencias y menosprecios. Cada mañana se vuelve a presentar, dulce y tierno, procurando siempre la reconciliación. Es benigno. Siempre esta buscando como hacer el bien, como agradar, como conquistar un buen momento, y como limar con dulzura las asperezas. El amor tiene resistencia grande y duradera. Es paciente y bondadoso. Nunca manifiesta envidia, no hierve en celos, no es jactancioso, ni busca vanagloria. No tiene despliegues de altivez. No es orgulloso ni arrogante. No es grosero, ni hace nada indebido. No busca lo suyo, ni defiende sus derechos ni su forma de hacer las cosas, porque el amor no busca lo suyo. No se irrita, no se siente amenazado, ni guarda rencor. No se goza con la injusticia, ni pone su mirada en hacer el mal. Se goza cuando la verdad y el derecho prevalecen. Si es agraviado, no lo toma en cuenta. El amor todo lo soporta y siempre está dispuesto a creer lo mejor de cada persona. Está lleno de esperanza y de fe en toda circunstancia. Y siempre permanece fuerte ante cualquier situación. Es infinitamente sacrificial, y dador sin límites. Es valiente, luchador, y no se amedrenta ante ningún enemigo. No se rinde, sino que vence. En él no hay

> El amor vive y palpita a través de la sangre de Jesús. Nos lleva a amar donde es difícil hacerlo.

temor. Todo lo puede, y nada lo detiene. El amor despedaza fieras, y conquista ríos tempestuosos en su afán de salvar al que se está hundiendo. El amor hace proezas. Derriba murallas infranqueables. Cambia corazones de piedra en corazones de carne. Tiene mil caminos inescrutables, y donde ya no hay camino, lo crea. El amor nunca falla, nunca mengua, nunca se torna obsoleto, nunca abandona la causa, y nunca deja de ser. El amor no puede ser vencido por nada, ni por nadie.

El amor es la fuerza más poderosa del universo. Es la manifestación más pura de Su Ser, y lo que hace a Dios visible y palpable en la tierra.

Esto es lo que bebemos cuando participamos de su sangre. Esto es en lo que nos convertimos, y de lo que nos apropiamos, cuando cada día hacemos nuestro, ese amor. Cuando dejamos que la sangre de Jesús se funda con la nuestra, y le permitimos vivir y expresar todo Su amor a un mundo perdido. Su amor es fuego líquido, corriendo por nuestras venas, que nos impulsa a hacer cosas, que bajo ninguna otra circunstancia haríamos. Es un celo que arde por las almas perdidas. Es como un gigantesco imán que nos atrae hacia todo aquel que tiene necesidad, y que anhela sentir que es importante para alguien. Es la fuerza mas grande de Dios, y que nos compele a hacer cualquier sacrificio, y hazañas en El, sin importarnos el precio que tengamos que pagar.

> No se rinde, sino que vence. En él no hay temor. Todo lo puede, y nada lo detiene.

El hombre natural solo puede aspirar a una imitación fraudulenta del verdadero amor en Cristo, el cual tiene todo el poder para vencer en todas las cosas. El amor del hombre es condicional, incapaz del nivel de sacrificio y muerte interior, que se requieren para poder amar con todo el corazón.

En la sangre de Jesús corre esta forma incorruptible del amor del Padre. Es una sangre que desde que Jesús era niño, continuamente le hablaba de sacrificio. Cada vez que Jesús veía los corderos siendo inmolados en el altar del templo, su sangre le hablaba del sacrificio de amor en el que Él Mismo se convertiría. El era el Cordero Inmolado desde antes de la fundación del mundo, y esto lo llevaba como un sello en su propio torrente sanguíneo.

El beber de Su sangre nos convierte en sacrificio agradable en Su altar. Nos da la fuerza y la convicción de amar como Él amó, de dar como Él dio, de sacrificar como El sacrificó.

Cuando sentimos que es imposible amar a alguien, el beber de Su sangre cambiará nuestros sentimientos, y transformará nuestro corazón.

Beber de Su sangre nos lleva a perdonar lo imperdonable. Cuando tomamos la Santa Cena, y no hemos podido alcanzar la libertad del verdadero perdón, el sacrificio de la cruz se interpondrá entre nosotros y esa persona que tanto daño nos causó. Jesús perdonando desde la cruz, se hará carne en nuestro propio ser. Y no solo perdonaremos, sino que desearemos hacer algo hermoso por esa persona. Así nos amó El y así también nos perdonó.

El beber Su sangre nos lleva a ver como Él ve, en una forma redentiva, viendo siempre posibilidades donde el hombre natural ya ha perdido la esperanza.

> En la sangre de Jesús corre esta forma incorruptible del amor del Padre.

6 El Poder de la Sangre de Jesús

La sangre de Jesús tiene poder porque está íntima-mente ligada a la gloria de Dios. Es la única mani-festación tangible y material de la vida perfecta del Padre. Era a la vez humana y divina. Era celestial pero era física al mismo tiempo. Los cielos y la tierra estaban unidos en ella. Dios y el hombre se habían hecho uno en Jesús. Cuando esta sustancia entró al lugar santísimo eterno en los cielos y se posó sobre el propiciatorio, la gloria de Dios se unió al hombre. Jesús hombre es el primer ser de carne y hueso que se hizo contenedor de toda la potencia de Su gloria.

"Porque agradó al Padre que en El habitase toda plenitud"
Colosenses 1:19

A partir de este momento, Su sangre emana un poder que juzga y destruye todo lo que se opone a la justicia del Altísimo. Es un fuego abrasador que el diablo no puede resistir.

En la sangre de Jesús está contenida toda la autoridad de Dios. Es una sangre que habla de Su victoria, que le recuerda al diablo cómo el sacrificio de Jesús desató el poder de Dios sobre todo el infierno arrebatándole al diablo las llaves de la autoridad sobre la tierra y sobre los hombres.

> "...No temas yo soy el primero y el último:
> y el que vive y estuve muerto; mas he aquí que
> vivo por los siglos de los siglos, amén. Y tengo
> las llaves de la muerte y del hades."
> APOCALIPSIS 1:17B–18

Cuando bebemos de Su sangre, todo nuestro espíritu se va inundando de ese poder glorioso. Y de ahí bebe nuestra alma, y luego nuestro cuerpo, hasta que todo nuestro ser se impregna de ese poder que no puede ser vencido.

Debido a que mi esposo y yo continuamente bebemos y comemos de este alimento espiritual, el nivel de revelación y de experiencias espirituales con Dios ha crecido tremendamente en nuestras vidas. La luz de esa sangre ilumina y abre el reino de Dios ante nosotros, y nos va transformando cada vez más a Su imagen.

Su sangre emana un poder que juzga y destruye todo lo que se opone a la justicia del Altísimo.

> "Por tanto, nosotros todos, mirando
> a cara descubierta como en un
> espejo la gloria de Dios, somos
> transformados de gloria en gloria
> en la misma imagen, como
> por el Espíritu del señor"
> 2A. CORINTIOS 3:18

A veces, tan pronto como entramos en la profundidad de la oración, podemos vernos impregnados y sumergidos en esa sangre maravillosa. Es como si estuviésemos sumergidos en una tina de sangre, y todo nuestro ser se estuviese impregnando de ella. Vemos la corriente de Su fuerza como miles de pequeños relámpagos que salen de ella, y nos llenan de Su poder.

No se trata tan solo de proclamar Su sangre, debemos tener una comunión continua y vigorizante con ella. Se trata de hacer nuestro todo su contenido.

Hay muchas personas que han sido enseñadas a proclamar el poder de la sangre de Jesús, pero no tienen en ellas una experiencia viva con esa sangre.

El Espíritu Santo nos ha enseñado, que no es lo que decimos lo que tiene poder, sino desde qué posición espiritual lo decimos.

En el libro de los Hechos, se narra acerca de Los hijos de Esquiva, los cuales intentan echar fuera un demonio en el nombre del Jesús que predicaba Pablo. Pero el nombre de Jesús no tenía ningún poder en ellos, porque Jesús no moraba en sus corazones.

Es la posición espiritual en que estamos afirmados, la que le da sustancia a nuestras palabras. Por eso hay una gran diferencia entre estar llenos de la sangre de Jesús y entonces proclamar su poder, y el hablar algo que carece de vida en nuestro espíritu.

Los cielos se abren porque la sangre tiene un poder que abre todo lo que la obstaculiza.

1. La Sangre Tiene Poder para Abrir lo Imposible

Ahí, sumergidos en Su sangre, se hace tan clara la voz de Dios. La sangre habla, y lo hace de muchas diferentes maneras. Los cielos se abren porque la sangre tiene un poder que abre todo lo que la obstaculiza. Es un torrente de poder tan grande que a veces lo he visto como un detonante de alto calibre, abriéndose paso, como un río turbulento de fuego que arrasa todo a su paso, derribando las fortalezas del diablo en el mundo espiritual. La sangre de Jesús abre el camino para que todos los diseños de Dios se establezcan sobre la tierra.

Es una fuerza de avanzada y de rompimiento que derriba muros, deshace montañas. Todo lo que se interponga a la voluntad de Dios, la sangre lo destruirá.

Cuando Jesús entregó el Espíritu y Su corazón fue traspasado por la lanza, salió de Su costado agua y sangre. Pero en el mundo invisible salió un rayo poderosísimo que rasgó el velo del templo. El camino cerrado entre Dios y los hombres había sido abierto por fin.

La sangre penetró el infierno, y abrió las puertas de la muerte. El Seol se llenó del poder victorioso de la sangre del Cordero. Las cadenas que nos ataban se iban reventando, al paso de Jesús por las regiones del Hades, y los demonios salían expelidos al sentir la potencia de Su sangre. Todo fue quedando desolado en el averno hasta que Jesús le arrancó al diablo las llaves de la muerte y del Hades. Todo empezó a temblar como sacudido por el efecto reverberante de una explosión. La sangre se abría paso, para que Jesús ascendiera en resurrección. El poder llegó hasta la tumba y removió la piedra. El velo del templo se había rasgado, y el sepulcro se convirtió en el reflejo del Lugar Santísimo en los cielos. La gloria de Dios lo llenó todo, y de la tumba salió el resplandor de la resurrección en toda su potencia. De la misma manera que los dos querubines velaban el Arca del Pacto, en el sepulcro, dos ángeles velaban la presencia de Dios, que ahora se hacía accesible a todos los hombres. La sangre abrió los cielos, para que estos fueran revelados a los hijos de Dios, y de esta manera, Sus hijos pudieran ser trasladados a los cielos, en esta vida y por la eternidad.

> La sangre sigue siendo el conducto que nos une a las dimensiones celestiales con Dios.

La sangre sigue siendo el conducto que nos une a las dimensiones celestiales con Dios. Varias veces, Dios me ha concedido el privilegio inmerecido de llevarme al tercer cielo delante de Su trono, al igual que a otros lugares celestiales pertenecientes al reino de Dios, como lo hizo con el Apóstol Pablo. (Y digo esto en humildad, sin compararme en ninguna manera al gran Apóstol).

Siempre que esto me ha sucedido, ha tenido relación con estar sumergida en Su sangre.

La sangre de Jesús tiene un poder abridor, como una llave maestra que abriera los misterios de Dios.

> *"Para que sean consolados sus corazones, unidos en amor (en su sangre que revela su amor) hasta alcanzar todas las riquezas y las bendiciones de pleno entendimiento, a fin de conocer el misterio de Dios el padre y de Cristo, en quien están escondidos todos los tesoros de la sabiduría y del conocimiento"*
> COLOSENSES 2:2–3 (PARTE AÑADIDA)

2. La Obra Completa es Revelada en Cada Forma en que la Sangre fue Derramada

Cada una de las siete partes de los padecimientos de Cristo en que su sangre fue vertida, son puertas a misterios escondidos que se abren y se revelan en la comunión con Su sangre. La cruz es un paraíso infinito de gotas de sangre, cada una llena de luz y de revelación. La entrada a la ciudad celestial, a las moradas del Espíritu, a los lugares celestiales.

Miles de experiencias de profundo conocimiento y revelación, están delante del creyente que encuentra esta llave maestra, y se interna por este río de luz en su sangre.

• La Sangre en el Sudor de Su Frente

La victoria sobre todos los dolores y sufrimientos del alma están en esas gotas que salieron en el sudor de Su frente. El poder que somete nuestra voluntad a la de Dios se encuentra también ahí. Podemos beber de esas mismas gotas, y a través de eso, doblegar todo deseo que se opone a Dios. Son gotas de sangre que nos llevan a niveles de intercesión sin precedentes, y atraen a los ángeles de Dios a nuestro encuentro, para ayudarnos a morir a nosotros mismos, y a pasar pruebas de purificación, que sin Su sangre y Sus ángeles, nos sería imposible atravesar.

"Padre si quieres, pasa de mí esta copa mas no se haga mi voluntad sino la tuya"
"Y estando en agonía, oraba más intensamente; y era su sudor como grandes gotas de sangre que caían hasta la tierra"
Lucas 22:42 y 44

- **La Sangre que Surgió de las Bofetadas y los Palos que Desfiguraron Su Rostro.**

Nos da el triunfo sobre el orgullo y la vanagloria, y nos rescata del yugo del menosprecio y del rechazo. Nos da el poder para soportar la humillación de otros, sus burlas, y nos lleva a hacernos semejantes a Él en la pérdida de toda reputación. A ver el lado celestial y divino, que se encuentra cuando ha sido destruida la belleza en nosotros, para que sea ahora Su hermosura la que brille a través de nuestro ser. Cuando el alma y el espíritu se llenan de esta belleza, ya no importa más lo que los hombres digan de uno.

> Cuando el alma y el espíritu se llenan de esta belleza, ya no importa más lo que los hombres digan de uno.

Muchas veces, Dios me ha pedido amar a aquellos que me han destrozado con sus burlas y menosprecios. Es el beber de esta sangre que ha fortalecido mi corazón para amar, y amar, y volver a amar, donde el hombre natural simplemente ya no tiene la capacidad.

"Entonces le escupieron el rostro, y le dieron puñetazos, y otros le abofeteaban diciendo: Profetízanos Cristo, quien es el que te golpeó."
MATEO 26:67–68

"...Con vara herirán en la mejilla al juez de Israel"
MIQUEAS 5:1

"Como se asombraron de ti muchos, de tal manera
fue desfigurado de los hombres su parecer, y su
hermosura más que la de los hijos de los hombres."

Isaías 52:14

• La Sangre que Salió al Serle Arrancados Pedazos de Su Barba

La barba habla de sacerdocio. A través de esta sangre retomamos el sacerdocio perdido que nos permite ministrar delante de Su presencia. Es de la barba de Jesús que Su unción desciende sobre todo el cuerpo, como sucedía con Aarón el sumo sacerdote.

" Es como el buen óleo sobre la cabeza, el cual
desciende sobre la barba, la barba de Aarón,
y baja hasta el borde de sus vestiduras."

Salmo 133:2

"Di mi cuerpo a los heridores, y mis mejillas
a los que mesaban mi barba; no escondí
mi rostro de injurias ni de esputos."

Isaías 50:6

• La Sangre que Salió de los Latigazos que Desgarraron Su Espalda

De esta sangre bebemos la victoria sobre toda enfermedad de nuestro cuerpo físico. De la misma manera que Jesús llevó nuestros pecados, Él padeció para llevar en Su cuerpo todas nuestras enfermedades y dolencias.

Jesús jamás se enfermó mientras estuvo en la tierra. El fue un hombre sin pecado, y esto le daba una protección maravillosa a Su cuerpo que el diablo no podía tocar. Satanás solo puede tocar la naturaleza caída, por causa del pecado. El príncipe del mal quería destruir a Jesús con todo tipo de enfermedad, pero no lo podía hacer. Cuando en la cruz, Jesús se cubre de pecado, atrae sobre Él toda enfermedad, y la lleva a la muerte, a través de Su propia muerte. Esta es una de las cosas más poderosas que sucedieron en el Calvario, y que nos dan la posibilidad de vivir una vida llena de salud. Un cuerpo que es continuamente lavado con la sangre de Jesús, difícilmente enfermará. Dios nos está llamando en esta generación a entrar y poseer todo lo que Jesús hizo por nosotros, a través de Su sacrificio.

"Ciertamente Él llevó nuestras enfermedades, y sufrió nuestros dolores; y nosotros le tuvimos por azotado, por herido de Dios y abatido. Mas Él herido fue por nuestras rebeliones, molido por nuestros pecados; el castigo de nuestra paz fue sobre él, y por Su llaga fuimos nosotros curados."
ISAÍAS 53:4–5

Cuando mi esposo o yo somos atacados en nuestros cuerpos físicos, en lugar de correr al médico, nos aferramos del poder que hay en la Sangre y en la Carne de Jesús. Miramos Sus llagas y Su sangre derramada, y decretamos, creyendo con todo nuestro corazón, que esas heridas tan terribles no fueron en vano para nosotros. El dio muerte a toda enfermedad, y debemos creerlo y beber en esa sangre nuestra victoria sobre toda enfermedad.

- **La Sangre que Produjo la Corona de Espinas**
Esta sangre lo coronó como Rey de reyes y Señor de señores. Le dio toda la victoria contra el imperio del diablo. Conquistó el gobierno de la tierra. Y esto nos da a nosotros la posición de reyes, y el gobernar con Cristo.

> Al beber de esta sangre, conquistamos nuestra vida de pensamientos para llegar a tener la mente de Cristo.

Esta sangre conquistó fortalezas en el mundo espiritual y en la mente del hombre. Al beber de esta sangre, conquistamos nuestra vida de pensamientos para llegar a tener la mente de Cristo. Nos apropiamos de la conciencia de Cristo. Jesús hombre creyó todo lo que estaba escrito sobre El. El sabía que todo lo que El era en Su Espíritu, tenía que invadir toda Su naturaleza humana hasta que Jesús se volviera el Cristo, en todo Su ser. El entrenó Su mente a estar sujeta a Su Espíritu para verse a Sí Mismo como lo que realmente era. El Cristo enviado, el Hijo de Dios. De la misma manera, a través de la comunión con Su sangre, dejamos que ésta penetre nuestra mente, hasta que literalmente nos convertimos en todo lo que está escrito que somos.

"...llevando cautivo todo pensamiento
a la obediencia de Cristo (por medio de
las armas que son del Espíritu)"
PARÁFRASIS 2A. CORINTIOS 10:5B

" Y pusieron sobre su cabeza una corona tejida de
espinas, y una caña en su mano derecha; e hincando
la rodilla delante de él le escarnecían, diciendo:
¡Salve Rey de los Judíos!
Y escupiéndole, tomaba la caña y le golpeaban
la cabeza"
MATEO 27:29–30

- **La Sangre que Salió de las Heridas Causadas por los Clavos.**
De esta sangre obtenemos el triunfo sobre la iniquidad, sobre el pecado, sobre el caminar torcido y desviado de nuestros pasos. Esta sangre abre caminos de rectitud, y restaura las sendas de nuestro destino. Abre las calzadas para llevar el Evangelio donde no hay vereda, ni forma de llegar.

> Abre las calzadas para llevar el Evangelio donde no hay vereda, ni forma de llegar.

"Por su conocimiento justificara mi siervo justo a muchos, y llevará las iniquidades de ellos"
ISAÍAS 53:11B

"Porque vuestras manos están contaminadas con sangre y vuestros dedos llenos de iniquidad"
ISAÍAS 59:3A

Es la sangre que también sana la tierra contaminada con nuestras iniquidades.

"Hacéis pesar la violencia de vuestras manos sobre la tierra"
SALMO 58:2B

- **La Sangre que Salió de Su Costado al ser Atravesado por la Lanza**
Esta nos da el acceso al Lugar Santísimo, es la que abre los cielos, y nos lleva al interior del corazón de Dios.

"Pero uno de los soldados le abrió el costado con una lanza y al instante salió sangre y agua"
JUAN 19:34

La comunión con la sangre de Jesús nos va a llevar a conocerlo íntimamente, y nos va a ir transformando para que podamos penetrar las partes más sensibles de Su corazón. Este es uno de los privilegios más grandes al que un ser humano puede aspirar, ya que Dios solo le abrirá esta parte de Su ser a aquellos que él considera Su esposa.

Ella es la que lo anhela a Él sobre todas las cosas, la que va a dondequiera que El va. La que lo sigue por lo que Él es y no por aquello con que la pueda bendecir. Entre Sus discípulos, solo Juan tuvo la gracia de llegar a esta profundidad. El lo amó más que ninguno de los otros. El lo siguió hasta la cruz, mientras los demás se escondieron por miedo a perder sus propias vidas. A Juan no le importó el temor que infundía la armada romana. El solo quería estar cerca de su amado. Juan quería decirle con su presencia y con su mirada: "no estás sólo, yo estoy contigo hasta el final; y si estar aquí me cuesta la vida, con gusto muero a tu lado."

> Estamos penetrando las cámaras donde nos fundimos con el Señor, donde todo nos es dado.

Cuando tomo la comunión, muchas veces medito en cada una de estas formas en que Su sangre fue derramada, y me las apropio. En la cruz hay tanta riqueza, hay puertas tan maravillosas, encuentros con Dios inenarrables.

Muchas personas oyen hablar de la cruz y de todo lo que hay que dejar en ella, y sienten miedo y dolor, como sí algo vital les fuera a ser quitado. Lo que no saben, es que al dejar lo poco que tenemos, lo corrupto de nuestro ser, las cosas que amamos en la tierra, estamos entrando al lugar donde todas las cosas son redimidas y perfeccionadas. Estamos penetrando las cámaras donde nos fundimos con el Señor, donde todo nos es dado, y toda oración es contestada. Y esa es la posición más grandiosa en la que podemos estar sentados.

Cuando Dios nos da el privilegio de abrirnos Su corazón, entenderemos Su compasión en una forma que se hará parte de nuestro ser. Cuando los filos agudos del pecado Lo desgarran, seremos sensibilizados al profundo dolor que Él siente,. Seremos impregnados de una misericordia, que solo puede provenir de Dios.

Entenderemos que en los lugares celestiales hay diversos niveles de ver y experimentar a Dios, desde la clara y hermosa manifestación del rostro de Jesús, hasta las insondables regiones de Su gloria donde entró Moisés escondido dentro de la peña.

A través de Su sangre, y anhelando conformarnos al corazón de Dios, es como Él nos revela los cielos y las riquezas invaluables de Su reino.

3. La Sangre Venció al diablo

Visión Celestial del Poder de la Sangre de Jesús

Fue en mi primer arrebatamiento a los cielos que entendí el poder glorioso de la sangre de Jesús. Estaba desesperada de amor por Jesús, quería verlo, tocarlo, amarlo con todo mi ser. Mi corazón desfallecía por encontrarme con Él en una forma diferente y mucho más profunda de lo que había experimentado hasta ese momento.

Estaba en adoración en la Iglesia que pastoreaba en aquel entonces en la ciudad de México. Una especie de nube del Espíritu Santo me envolvió, y como si todo mi ser diera un paso para entrar en otra dimensión, de pronto fui trasladada a un lugar maravilloso en los cielos. Estaba rodeada de luz por todas partes. La luz estaba viva, y se movía como haciendo una danza, en que los reflejos y destellos hacían unos juegos de luz grandiosos a mis ojos. De pronto, de entre los resplandores en que me encontraba, apareció una figura gloriosa con la semejanza del Hijo de Dios. Estaba frente a Jesús. Sin decir nada, extendió Su mano, y apareció una enorme gota de sangre como de un litro flotando sobre mi cabeza. Y entonces dijo: "¡Bebe"! Abrí mi boca y lo bebí de un gran trago. Luego hizo aparecer una segunda y una tercera gota de igual tamaño, y me ordenó que las bebiera. Al tomar la última caí de espaldas, y vi mi cuerpo que se había tornado rojo. Estaba lleno de la sangre. El señor seguía delante de mí, rodeado de todo ese resplandor de luces. Entonces, hizo una señal con la mano, y apareció una criatura demoníaca que inmediatamente trató de subirse sobre mí. Cuando el demonio tocó mi cuerpo, de la sangre que estaba en mí, salió un fuego consumidor que lo deshizo en un instante. Yo estaba atónita.

Luego me hizo levantar. Yo seguía llena de esa sangre por todos lados, por dentro y por fuera. Entonces hizo aparecer una especie de carnosidad delante de mí a manera de tumor. Y me dijo: "Esta es una enfermedad de muerte. Quiero mostrarte el poder de mi sangre sobre ella. No tengas miedo. Abre tu boca y come." Cuando lo hube hecho, el tumor se quemó al entrar en contacto con la sangre. Yo quedé maravillada. Entonces me dijo: "Come de mi cuerpo y bebe de mi sangre porque te daré grandes victorias contra el maligno y contra la enfermedad."

Luego miré y vi como de Su cuerpo refulgía un fuego que no lo quemaba, era como ver energía pura revolviéndose en todo Su ser. Entonces se paró frente a mí. Yo tenía las manos levantadas. Él puso Sus manos sobre las mías, y luego Su rostro frente al mío. Su corazón quedó pegado al mío. Entonces dijo: "La hora viene en que vendré sobre mi pueblo, manos sobre manos, ojos sobre ojos, boca sobre boca, corazón sobre corazón." En ese instante salió una energía poderosísima de Su cuerpo, de Su rostro y de Sus manos que se impregnó en mí. Yo sentí que me moría. Que en cualquier momento estallaría. Tal era la fuerza que me penetraba. En ese momento, mi corazón espiritual fue traspasado por ese poder, y un dolor intensísimo invadió mi corazón de carne. Fue entonces que regresé a la dimensión de la tierra.

Habían pasado seis horas y la gente de la iglesia no se había movido velando sobre mí, y esperando que volviera del éxtasis en que me encontraba. Sólo Dios los pudo haber hecho quedarse ahí, porque nadie tenía experiencia en entender lo que me estaba sucediendo. Yo estaba en el suelo sin poderme mover, y el peso de Su gloria me aplastaba.

Una mujer endemoniada estaba ese día en la congregación y la acercaron a mí. Recuerdo que al solo tocarla, el demonio pego un gran grito y salió de ella.

No podía levantarme, pero podía hablar, así que los empecé a llamar uno a uno, para impartir en sus corazones el poder que refulgía en el mío. Nunca olvidaremos ese día.

Lo que sucedió en ese éxtasis se volvió un pilar de fe y de confianza en la sangre de Jesús. A partir de entonces, el hablar de ella o el proclamarla como un arma contra el enemigo, tendría un significado mucho mayor en mi espíritu.

Un par de años mas tarde, tuve un incidente, que si no hubiera sido por el concepto que tengo de la Sangre, la hubiera pasado muy mal.

Regresaba de Polonia de un viaje de intercesión, en el que habíamos orado fuertemente en los campos de concentración de Auschwitz y de Treblinca. Peleábamos para liberar esa nación de los espíritus de muerte, que habían quedado ahí después del Holocausto de los Judíos.

Llegué a México, y esa noche me desperté súbitamente, con la sensación de que una presencia maligna había entrado a mi habitación. El corazón me latía fuertemente, y al abrir en pleno los ojos vi a satanás delante de mí. Su cuerpo y sus alas ocupaban la mayor parte del cuarto. Su rostro era rojo y lleno de agudas venas negras que sobresaltaban de él. Sus dientes eran feroces como los de un lobo que está a punto de atacar. Su cuerpo era negro y esbelto, y sus alas eran como las de un dragón, y estaban hechas como de fuego. Sus ojos amarillos y de intensas pupilas negras, me miraban con odio y con la determinación de matarme.

Me le quedé mirando, y para mi sorpresa, mi corazón y todo mi ser entraron en una paz absoluta. Con toda tranquilidad le pregunte al Espíritu Santo que hacer, y me respondió tan solo: "Manifiesta la sangre de Jesús que está en ti."

> "Manifiesta la sangre de Jesús que está en ti."

En ese momento volví a ver mi cuerpo rojo, totalmente impregnado de esa maravillosa sangre que venció al diablo en la cruz. Puse entonces todo mi enfoque en el poder que había en ella, y de pronto empezó a iluminarse. Una poderosa ráfaga de poder salió de la sangre, como un intenso chorro de fuego que literalmente electrocutó al diablo, haciéndolo huir de mi presencia.

El cuarto se llenó de la presencia de Dios. Mi cuerpo quedó sin fuerza alguna, de la gran cantidad de virtud que había salido de mí. Al mismo tiempo, todo mi ser se regocijaba de la victoria tan maravillosa que el Señor me había dado.

Venía a mi mente una vez más, ese versículo tan lleno de verdad que dice:

> *"Y ellos le han vencido con la sangre del Cordero*
> *y de la palabra del testimonio de ellos y*
> *menospreciaron sus vidas hasta la muerte"*
> APOCALIPSIS 12:11

El ejército de Dios de los últimos tiempos será un pueblo con profundo entendimiento de la Sangre. Guerreros saturados de este poder en sus espíritus, que no podrán ser derribados. El diablo teme grandemente a los que entienden este misterio.

4. La Sangre Habla

La Palabra de Dios dice que la sangre habla. La sangre de Abel hablaba de venganza, como vimos anteriormente, y la sangre de Jesús habla de misericordia.

Pero la sangre tiene un sonido muy especial en el mundo espiritual. La sangre inocente de los mártires, clama de día y de noche por que Dios haga justicia sobre ellos. La sangre de todos ellos está delante del trono del

Padre como un memorial, que desatará el juicio sobre todo el imperio del mal.

Dice la Palabra que el Hijo de Dios fue manifestado para deshacer las obras del diablo. Y la sangre de Jesús es el mayor elemento de intercesión, con que Jesús ora por nosotros delante de Su Padre.

Cuando la sangre de Jesús es manifestada en el reino de las tinieblas, produce un sonido de juicio, tan fuerte, que aterroriza a todos los ejércitos del diablo. Ese sonido abre las tinieblas más densas, para que se manifieste la presencia de Dios.

Recuerdo una poderosa experiencia que nos sucedió a finales de los noventas. Se había desatado un movimiento de guerrilla en el estado de Chiapas, en el sur-este de México. Miles de Cristianos fueron asesinados por el grupo terrorista. La sangre de nuestros hermanos clamaba en todo el país, y el dolor de lo que sucedía me quitaba el sueño, en noches enteras de intercesión.

El gobierno había cerrado el acceso a todo predicador extranjero en ese estado, por causa del derramamiento de sangre. Los Pastores querían aprovechar la crisis para avanzar la obra del evangelio a todo el pueblo que gemía en gran desesperación. Querían llevar al evangelista Alberto Mottesi para una gran campaña, pero no había manera de conseguir los permisos.

El Señor me habló entonces y me dijo: *"Ellos le han vencido con la sangre del Cordero, con la palabra de su testimonio y negando sus vidas hasta la muerte.* (Apocalipsis 12: 11) Ve y manifiesta el sonido de Mi sangre en el corazón del conflicto en Chiapas."

Obedeciendo la palabra, rentamos la plaza de toros de San Cristóbal de las Casas, y convocamos al pueblo de Dios. Aquella noche fue extraordinaria. Vi como el cielo se enrojecía como si un velo de Su sangre cubriera la ciudad. Era físico lo que se veía, pero en el mundo espiritual yo sabía que Su sangre estaba descendiendo para hacer algo maravilloso. Empezamos a cantar con cantos que exaltaban el poder de la sangre de Jesús. Cuando la unción estaba manifestándose fuertemente, el Señor me dijo: "Ahora haz un silencio, y profetiza que se manifieste el sonido de la sangre de los mártires que está sobre la ciudad." Lo hice y entonces callamos.

Algo empezó a subir de la tierra, como un eco producido por los miles de indígenas que llenaban la plaza. Yo lo podía ver con mis ojos espirituales. Se elevaba para tratar de alcanzar el manto de la sangre de Jesús que nos cubría. Había gran expectación. De pronto se unieron en el cielo, el eco y la sangre que nos cubría, y como si una explosión espiritual se hubiera producido, el poder de Dios descendió y llenó la plaza. Los miles de personas caían llenos de la unción de Dios por todas partes. Los cielos se habían abierto en una forma extraordinaria. ¡A Dios sea la Gloria!

Fue a partir de ese día que el movimiento terrorista empezó a disolverse. Las puertas se abrieron, y el gobierno dio el permiso para el evento con el hermano Mottesi, y hubo una gran cosecha por causa de la sangre de Jesús manifestada.

A veces tenemos que hacer cosas incomprensibles a la mente natural, pero finalmente el Reino de Dios no es de este mundo.

La sangre de Jesús le habla de misericordia al Padre, le habla de

> Profetiza que se manifieste el sonido de la sangre de los mártires que está sobre la ciudad.

juicio al diablo, y a nosotros nos habla de santidad y de justicia.

Cuando tomamos de Su sangre, Su justicia y Su santidad se van formando en nosotros. Nos llenan de luz para ver nuestras áreas pecaminosas y ocultas, nuestras motivaciones erradas, y nos llenan del temor de Dios.

> *"Y perseveraban en la doctrina de los Apóstoles,*
> *en la comunión unos con otros, en el partimiento*
> *del pan y en las oraciones.*
> *Y sobrevino temor a toda persona; y muchas*
> *maravillas y señales eran hechas por los apóstoles."*
> HECHOS 2:42–43

5. La Sangre Venció la Iniquidad, la Rebelión, y el Pecado

Estos tres, son la estructura de poder que el diablo establece dentro del hombre, a través de la semilla con que contaminó su naturaleza después de la caída.

La iniquidad es la raíz del mal, implantada en el hombre, que produce en él, el deseo de pecar. El Pecado es el fruto que se produce al estar activa la iniquidad. Y la rebelión es el poder que alimenta la iniquidad para que ésta esté continuamente induciendo al hombre a pecar.

La obra completa de la cruz acaba con toda esta estructura de poder demoníaco.

> *"Mas El herido fue por nuestras rebeliones, molido*
> *por nuestros pecados; el castigo de nuestra paz fue*
> *sobre El, y por su llaga fuimos nosotros curados...*
> *por su conocimiento justificara mi siervo justo a*
> *muchos y llevará las iniquidades de ellos"*
> ISAÍAS 53: 5, 11B

Lo que tenemos que entender aquí, es que la obra de la cruz es absoluta. Lo que Jesús hizo, lo hizo una vez y para siempre. Pero somos nosotros los responsables de APROPIARNOS de cada parte conquistada por Jesús en el Calvario.

Por Ejemplo, Jesús murió por todos los pecadores. Sin embargo, no todos los hombres son salvos. Cada persona tiene que venir en arrepentimiento al Señor, y recibir para sí el sacrificio expiatorio de Jesús. Si esto no sucede, el absoluto de la cruz no operará en esa persona.

Esto es verdad para cada parte de la cruz. Por eso, el Señor nos provee una llave maravillosa, para adueñarnos de todo lo que El hizo por nosotros y esto es: el comer de Su carne y beber de Su sangre.

Cuando una persona viene a la luz y camina en luz, la sangre de Jesús lo limpia de todo pecado. (1 Juan 1:7)

Cuando el Apóstol Pablo en su carta a los Corintios instituye la cena del Señor, nos llama a probarnos a nosotros mismos antes de tomar los elementos. Nos llama a ponernos a cuentas con Dios. A venir a la luz para ser limpiados por su sangre.

Cuando un creyente tiene luchas fuertes para apartarse del pecado, se debe a una fuerte presencia de iniquidad en su vida. Esta iniquidad, muchas veces es fortalecida por espíritus inmundos que hacen la batalla mucho más fuerte.

La solución está en tomar el paso de arrepentirse, anhelando con todo el corazón que el poder de Dios lo libere y lo trasforme. Esta determinación del corazón, unido al poder de la sangre y de la carne de Jesús, le darán al creyente la total victoria. En cada verdadero creyente está establecida la autoridad de la resurrección para echar fuera todo demonio que lo atormente.

Más adelante en este libro, tocaré con más detalle el poder de Su Carne para vencer el pecado. Pero por ahora entendamos como actúa la sangre en este sentido.

La sangre tiene un poder limpiador y purificador que va a llegar a las raíces más profundas de iniquidad en nuestras vidas. Pero tenemos que enfocarnos a que esto suceda, si queremos la victoria total.

De la misma manera que la sangre natural tiene un poder purificador de todos los elementos tóxicos y de deshecho del organismo, así también la sangre de Jesús nos va limpiando de toda inmundicia.

En lo natural, la sangre limpia el cuerpo y lo provee de sustancias nutritivas, así como de oxígeno. La sangre purifica, alimenta y regenera todo nuestro cuerpo.

En lo espiritual, la Sangre de Jesús va arrancando todas las raíces de iniquidad, destruye las fortalezas en nuestro interior, y nos provee de los elementos de vida y de poder que nos llevarán de gloria en gloria.

Cuando un cristiano arrepentido lucha por su santificación, la sangre que va bebiendo de día en día, a través de la comunión, operará en él la verdadera regeneración. No solo el pecado será destruido, sino que el Señor, por medio de Su sangre, nos va nutriendo de Su voluntad. Cambia nuestros deseos pecaminosos en deseos buenos y santos. El impulso irresistible de hacer el mal, de mentir, de correr tras los deseos de la carne, es cambiado por el impulso de hacer el bien y de acercarnos más a Dios.

> La Sangre de Jesús destruye las fortalezas en nuestro interior.

6. La Sangre de Jesús Arranca a los Pecadores del Poder del Infierno

Visión de la Sangre y el Fuego

Años atrás, el Señor empezó a hablarme de tres manifestaciones finales del Espíritu Santo. El Profeta Joél había profetizado acerca del derramamiento del Espíritu de Dios, el cual se cumplió parcialmente en el día de Pentecostés.

> *"Y de cierto sobre mis siervos y mis siervas en aquellos días derramaré de mi Espíritu y profetizarán. Y daré prodigios arriba en el cielo, y señales abajo en la tierra, SANGRE, FUEGO Y VAPOR DE HUMO"*
> HECHOS 2:18–19

Aquí, la Escritura no está hablando de catástrofes nucleares como algunos piensan, está hablando del derramamiento del Espíritu Santo. La sangre, el fuego y el humo eran los tres elementos que estaban presentes en el tabernáculo cuando el Señor se manifestaba.

El día de Pentecostés, el Espíritu se manifestó por fuego, con la demostración de lenguas ardientes sobre sus cabezas. Pero el Humo y la Sangre no se vieron por ninguna parte. Estos están reservados para el cumplimiento total en el fin de los tiempos.

Meditando sobre cómo podría ser esto, el Señor me permitió ver una visión maravillosa, mientras me encontraba en un barco en el Mediterráneo. Venía de visitar Jerusalén por primera vez, y mi corazón estaba

quebrantado de ver todas las abominaciones y la idolatría que se llevan a cabo en la ciudad santa. Me subí a la
cubierta más alta del barco. Era ya de noche, y el cielo
estaba lleno de estrellas. Era el mismo firmamento que
vio Abraham miles de años atrás, cuando Dios le dio la
promesa de cuan incontables serían sus generaciones. Yo
lloraba por los millones de almas aún cautivas por el diablo, que necesitan conocer a Jesús. Estando en esta condición, el Espíritu de Dios tomó mi espíritu, y lo arrebató
entre el cielo y la tierra. De pronto, me vi flotando en la
estratosfera, y la tierra se veía con toda claridad, gigantesca bajo mis pies. Vi los continentes, Europa, parte de
Asia y parte de África. Eran negros como el carbón, y res-
piraban como alguien muy débil a quién le queda muy
poco aliento de vida. Entonces vi un enorme remolino de
fuego que aparecía debajo de los continentes, y millones
de almas eran atrapadas por él, y eran jaladas hacia el
infierno. Entonces, pude ver unas mujeres gordas con
Biblias en las manos que eran succionadas también, y gri-
taban llenas de tormento. Le pregunté a Jesús, quienes
eran esas gordas, y me dijo: "Son Iglesias enteras, llenas
de conocimiento mental, pero sumergidas en pecado, que
hablan de Mí pero que no me conocen. Yo hablé de ellos
cuando estaba en la tierra":

*"No todo el que me dice Señor, Señor entrará en
el Reino de los cielos, sino el que hace la voluntad
de mi Padre que está en los cielos"
Muchos me dirán en aquel día: Señor, Señor, ¿No
profetizamos en tu nombre, y en tu nombre
echamos fuera demonios, y en tu nombre hicimos
muchos milagros? Y entonces les declararé: nunca
os conocí, apartaos de mí hacedores de maldad."*
MATEO 7:21–23

Cuando vi esto, mi corazón desfalleció dentro de mí. Quería hacer lo que fuera para impedir que siguieran yendose al infierno. Entonces apareció en el cielo, una gigantesca cruz que se plantó en medio del remolino de fuego, sobre los continentes. Era tan grande que sobresalía de la tierra, y llegaba hasta donde yo me encontraba. La cruz era de fuego y de sangre, y estos dos elementos se revolvían y emanaban de ella. Entonces empezó a salir una fuerza absorbente de en medio de la cruz, y era tal el poder que empezó a salir de ella, que parecía que los continentes se desprendían de la tierra, para ser succionados por la cruz. Millones de personas era atraídas a ella, y la fuerza que salía de ella era mucho mayor que la del remolino de fuego.

Luego vi la tierra cubierta de la sangre de Jesús, mientras la cruz seguía ejerciendo su gran poder. Y vi los billones de personas que habitan el planeta, y todos sin excepción, tenían una porción de esa sangre sobre sus cabezas, que clamaba por su salvación.

Entonces vi al Espíritu Santo que descendía lentamente sobre toda la tierra, y hubo un tronido en el cielo que decía: "¡Derramaré de mi Espíritu sobre toda carne"! En ese momento, el Espíritu hizo contacto con la sangre que cubría el planeta, y se hizo el efecto de una bomba atómica que llenó de poder todos los continentes. Millones de personas se elevaron y fueron absorbidas por la enorme cruz. En ese momento, hubo un tronido portentosísimo en los cielos, y del sonido del trueno salió una voz que decía:

> Estoy injertando en mi cruz a mis verdaderos siervos. Ellos manifestarán mi poder desde la cruz.

"Estoy injertando en mi cruz a mis verdaderos siervos. Ellos manifestarán mi poder desde la cruz, y el poder de Mi sangre y del fuego del Espíritu será visto en ellos. Estoy llamando a Mis hijos y a Mis siervos a entrar en la cruz de Mi poder"

Cuando terminó, mi espíritu regresó a la cubierta del barco. Desde entonces, esta visión ha motivado mi vida a vivir y a predicar el poder de la cruz.

> *"...Anulando el acta de los decretos que había contra nosotros, que nos era contraria, quitándola de en medio y clavándola en la cruz, y despojando a los principados y a las potestades, los exhibió públicamente triunfando sobre ellos en la cruz."*
> COLOSENSES 2:14–15

PARTE

El Misterio Del
Cuerpo De Cristo

Jesús Vino a Establecer Su Cuerpo Sobre la Tierra

Jesús, siendo el segundo Adán, tiene de parte de Dios todo el dominio y la autoridad, no solo en la tierra, sino también en los cielos. El tiene como misión establecer el reino de su Padre en todas las naciones, y para eso necesita de Su cuerpo, el cual somos nosotros.

Como hemos visto hasta ahora, a través de la Santa Cena, el Espíritu de Dios se une a nosotros, haciéndonos uno con el Padre y con el Hijo. El Señor nos imparte de Su propia vida, y nos injerta en Su cuerpo.

> *"Porque por un solo Espíritu fuimos todos bautizados en un cuerpo, sean judíos o griegos, sean esclavos o libres; y a todos se nos dio a beber de un mismo Espíritu.*
> 1A. CORINTIOS 12:13

La Palabra de Dios dice en la Epístola a los Efesios (Efesios 4:10–14) que al ascender Jesús a los cielos, lo fue llenando todo, estableciendo así Su cuerpo místico sobre la tierra.

El Señor nos imparte de Su propia vida, y nos injerta en Su cuerpo.

La voluntad de Jesús es que Su cuerpo crezca hasta alcanzar toda la plenitud que hay en Él. Esto sucederá cuando todos sus miembros estén en perfecta coordinación.

Cristo mira desde los cielos, la obra terminada, donde El es la cabeza, y nosotros Su propio cuerpo, moviéndose en total armonía con El.

Al perder la esencia de la Santa Cena, perdimos la hegemonía del cuerpo, el cuerpo se dividió, y quedó desmembrado sobre toda la tierra. Queremos unirlo a base de miles de sermones que no hacen más que hacernos sentir culpables, pero que carecen del poder unificador, que solo se da al comer de Su carne.

Pablo oraba para que nuestros ojos fueran abiertos, y pudiéramos ver y entender quienes somos, en la maravillosa realidad de lo que significa SER SU CUERPO.

Ser Su cuerpo no significa ser miembros de una organización, o tener un pase para entrar al cielo. Ser Su cuerpo es una verdad poderosísima. Es ser literalmente Jesús en la tierra, con toda Su autoridad y Su virtud.

"No ceso de gracias por vosotros, haciendo memoria de vosotros en mis oraciones, para que el Dios de nuestro Señor Jesucristo, os dé espíritu de sabiduría y de revelación en el conocimiento de El, alumbrando los ojos de vuestro entendimiento, para que sepáis cual es la esperanza a que él os ha llamado, y cuales las riquezas de la gloria en los santos, y cual la supereminente grandeza de su poder para con nosotros los que creemos, según la operación del poder de su fuerza, la cual operó en

Cristo resucitándole de los muertos y sentándole a
su diestra en los lugares celestiales, sobre todo
principado y autoridad y poder y señorío, y sobre
todo nombre que se nombra, no solo en este
siglo sino en el venidero; y sometió todas las cosas
bajo sus pies, y lo dio por cabeza sobre todas las
cosas a la Iglesia, la cual es su cuerpo, la plenitud
de Aquel que todo lo llena en todo"
EFESIOS 1:16–23

Este es quizás uno de los pasajes más poderosos del Nuevo Testamento. Sin embargo, mientras nuestros ojos no sean alumbrados para vivir en el poder de esta verdad, seguiremos actuando como cristianitos de iglesia, llenos de problemas, con un Dios que según nosotros, a veces nos oye y a veces no.

¿En qué radica la posibilidad de que nuestros ojos sean alumbrados de esta manera, y podamos cambiar toda nuestra forma limitada de ver las cosas?

El cuerpo de Cristo en su gloria se revela cuando partimos el pan en la Santa Cena.

En el camino a Emaús, los discípulos andaban y oían a Jesús, y aunque sentían su unción que vivificaba sus espíritus, no lo podían reconocer. Así caminan muchos cristianos. Están al lado de Jesús, lo pueden oír, sentir su Espíritu, pero no entran en la realidad de entender que son verdaderamente el cuerpo del mismo Señor.

El comer de Su carne nos abrirá los ojos del entendimiento.

Al partir el pan, Jesús se revela a nosotros y en nosotros.

*"Sucedió que mientras hablaban y discutían
entre sí, Jesús mismo se acercó y caminaba
con ellos. Más los ojos de ellos estaban
vedados para que no lo conociesen…
Y aconteció que estando sentado con ellos a la mesa,
tomó el pan y lo bendijo, lo partió y les dio.
Entonces fueron abiertos sus ojos, y le
reconocieron…"*
LUCAS 24:15–16, 30–31A

Jesús provocó esta ceguera, y luego la disipó con un propósito. Quería establecer la importancia de la mayor herencia que nos estaba dejando, el partimiento del pan.

El comer de Su carne nos abrirá los ojos del entendimiento, para que conozcamos todas las riquezas que El nos ha otorgado, y para que podamos verlo a cara descubierta. Mirarlo de esta manera no es el privilegio de unos pocos, es nuestra herencia, y lo que nos transforma a su imagen.

*"Todavía un poco y el mundo no me verá más;
pero vosotros me veréis; porque yo vivo
vosotros también viviréis.
En aquel día vosotros conoceréis que yo estoy en mi
Padre, y vosotros en mí y yo en vosotros."*
JUAN 14:19–20

Note en estos dos pasajes, como los ojos espirituales son abiertos. Entonces, lo podemos ver, y al mirarlo, conocemos que verdaderamente somos un sólo Espíritu con el Señor. Tener los ojos abiertos cambiará toda nuestra perspectiva de ver las cosas.

Discernir el Cuerpo del Señor

Jesús vino a establecer Su cuerpo sobre la tierra, y esto es algo de gran importancia para que Dios implante Sus diseños en medio nuestro. Es a través de Su cuerpo místico (nosotros) que El puede gobernar y traer Su reino a la tierra; y el discernirlo correctamente, es vital para nuestra relación con el Padre.

La doctrina apostólica del Nuevo Testamento hace gran hincapié en que entendamos lo que significa discernir el cuerpo del Señor. El ignorarlo o mal entenderlo, tiene como consecuencia la enfermedad, el debilitamiento o hasta la muerte de nuestros propios cuerpos.

Hoy en día, este es uno de los graves problemas con que nos encontramos. El cuerpo de Cristo está mutilado, dividido por toda la tierra, y millones de cristianos viven enfermos, y muchos mueren al tomar la iniciativa de atacar o destruir el cuerpo del Señor, que es la Iglesia.

Uno de los pasajes más usados en el actual ritual de la comunión se encuentra en *1a. Corintios, capítulo 11*. Y es sin embargo uno de los más mal interpretados.

> *"Porque yo recibí del Señor lo que también os he enseñado: Que el Señor Jesús la noche que fue entregado, tomó pan: y habiendo dado gracias lo partió y dijo: Tomad comed; esto es mi cuerpo que por vosotros es partido; haced esto en memoria de mí.*
> *Asimismo tomó también la copa después de haber cenado, diciendo: Esta copa es el nuevo pacto en mi sangre; haced esto todas las veces que la bebieres en memoria de mí. Así pues, todas las veces que comieres este pan y bebieres esta copa la muerte del Señor anunciáis hasta que él venga."*
>
> Versículos 23–26

> En cada
> una de Sus
> heridas pude
> ver cada
> uno de mis
> pecados, con
> mi nombre
> escrito
> en ellos.

El tomar la comunión todos los días, fue abriendo mis ojos para ver una realidad maravillosa en este pasaje.

Lo primero que el Espíritu me mostró, es que el Cuerpo del Señor fue partido por nosotros. Esto no solo nos habla de Su gran amor hacia el mundo, sino que nos pone en el escenario de entender lo que nuestros pecados produjeron en el cuerpo físico de Cristo.

En una ocasión, mientras comía de Su carne, lo vi clavado en la cruz, con Sus llagas abiertas, y Su rostro desfigurado. En cada una de Sus heridas pude ver cada uno de mis pecados, con mi nombre escrito en ellos. Entonces, oí Su voz que claramente me decía: "Este es mi cuerpo que fue partido por causa de ti."

Un horrible escalofrío recorrió todo mi ser, al darme cuenta que mis pecados crucificaron al Hijo de Dios. Yo, Ana, escarnecí con mis obras a mi amado Jesús. Yo le di muerte. Nosotros todos lo matamos, y el comprender esto, es lo que nos lleva a una genuina conversión. Es lo que el Apóstol Pedro, lleno del Espíritu Santo, habló a los judíos, el día de Pentecostés.

> *"Sepa pues toda la casa de Israel, que a este*
> *Jesús a quién vosotros crucificasteis,*
> *Dios lo ha hecho Señor y Cristo.*
> *Al oír esto se compungieron de corazón, y dijeron*
> *a Pedro y a los otros apóstoles: varones*
> *hermanos ¿Qué haremos?"*
> Hechos 2:36–37

El comprender profundamente que cada uno de nosotros lo matamos, el ver vivamente nuestros propios pecados traspasándolo, tiene un efecto que necesariamente llena de dolor el alma, y la convierte a El.

¿Cómo podría yo ver mis obras pecaminosas hiriéndolo cruelmente, y darme la vuelta para volver a cometer los mismos pecados?

La Iglesia primitiva vivía esto cada día. Recordaban al partir el pan entre los hermanos, lo que sus pecados habían causado en el Cuerpo del Señor.

Se miraban a los ojos, mientras partían el pan, y veían Su Cuerpo herido por ellos. Sus almas lo vivían cada día, lo sentían en sus corazones, y de esta manera, eran transformados.

Las mismas palabras en hebreo "En memoria de Mí" tienen el significado de volver a experimentar vívidamente un hecho, como si estuviera sucediendo en ese momento.

El partimiento del pan cada día en las casas, era algo que impactaba profundamente su forma de vivir, de pensar, de amar, de conocer a Jesús. Afectaba maravillosamente su forma de relacionarse entre ellos, y su forma de tratar a los que aún no eran cristianos. El temor de Dios abundaba en sus vidas. El Espíritu Santo podía hacer toda forma de señales y prodigios, en medio de un ambiente, donde todos caminaban en santidad. Simples discípulos como Ananías, eran dirigidos por el Espíritu en un nivel profético sorprendente. Este es usado para llevarle el Evangelio al gran perseguidor de la Iglesia, a

> El partimiento del pan cada día en las casas, era algo que impactaba profundamente su forma de vivir.

Saulo de Tarso, a quien también sana y le imparte el Espíritu Santo. Saulo es impactado por este desconocido hermanito, y se transforma en uno de los más grandes apóstoles: Pablo. Ser un cristiano en esa época era algo visible, palpable y admirable. Tenían el favor de todo el pueblo, porque todos eran gente llena del amor del Dios. La gente quería tener lo que ellos tenían. Su preocupación mayor no era tener comodidades de este siglo a toda costa. Era que todos conocieran al poderoso Salvador que había transformado sus corazones.

El relato de la última cena continúa diciendo:

> *"Así pues, todas las veces que comieres este pan la*
> *muerte del Señor anunciáis hasta que el venga"*
> 1A. CORINTIOS 11:26

Anunciar la muerte del Señor, significa hablar de Su muerte, y entenderla en nuestros propios actos. Comprender y hablar de lo que el pecado le hizo a Jesús. De cómo nuestra iniquidad lo llevó hasta la muerte. Necesitamos literalmente, comer de este conocimiento, hasta que todo lo que hagamos y lo que pensemos, sea impregnado de Su sacrificio, para que la vida de Dios se manifieste a través nuestro. Es Su muerte la que venció a la muerte y a todo el imperio del diablo.

> *"Llevando en el cuerpo siempre por todas partes la*
> *muerte de Jesús para que también la vida de Jesús*
> *se manifieste en nuestros cuerpos...De manera que*
> *la muerte actúa en nosotros y en vosotros la vida"*
> 2A. CORINTIOS 4:10; 12

El hacer de la Santa Cena un ritual carente de vida, trae sobre nosotros el efecto contrario. Juicio, enfermedad y muerte vienen sobre la Iglesia. Por eso es que vemos tantísimo enfermo en las iglesias, física y espiritualmente.

> *"De manera que cualquiera que comiere de este pan*
> *o bebiere esta copa del Señor indignamente, será*
> *culpado del cuerpo y de la sangre del Señor.*
> *Por tanto pruébese cada uno a sí mismo, y*
> *coma así del pan y beba de la copa. Porque el que*
> *come y bebe indignamente sin discernir el*
> *cuerpo del Señor, juicio come y bebe para sí.*
> *Por eso hay muchos enfermos y debilitados*
> *entre vosotros y muchos duermen.*
> *Si pues nos examinásemos a nosotros mismos no*
> *seríamos juzgados; mas siendo juzgados somos*
> *castigados por el Señor para que no seamos*
> *condenados con el mundo"*
> 1A. CORINTIOS 11:26–32

El Partimiento del Pan Produce Unidad

Ellos discernían el Cuerpo del Señor en cuanto al inmenso sacrificio de Cristo, a través de Su muerte, y lo hacían valer cada día en sus propias vidas. Pero también aquilataban y valoraban Su cuerpo, comprendido por todos los creyentes que lo conforman. Discernir el cuerpo del Señor no termina con la cruz. Su cuerpo místico sobre la tierra también es de suma importancia para el Señor.

> *"La copa de bendición que bendecimos, ¿no es la*
> *comunión de la sangre de Cristo? El pan*
> *que partimos, ¿no es la comunión del cuerpo de*
> *Cristo? Siendo uno solo el pan, nosotros,*
> *con ser muchos, somos un cuerpo; pues todos*
> *participamos de aquel mismo pan"*
> 1 CORINTIOS 10:16–17

La iglesia primitiva se dio cuenta que el partimiento del pan tenía un poder sobrenatural, que mantenía al cuerpo de Cristo unido. El amor de Dios, que amalgama a todos los que son Sus hijos, era liberado mediante este acto. No solo se amaban como cuerpo, sino que había algo poderosísimo que provenía del cielo, que hacía posible esta unidad. No era algo fabricado por medio de sermones, sino algo verdadero procedente del Espíritu. De hecho al inicio, cuando el Espíritu Santo vino sobre ellos en el día de Pentecostés, el impacto de amor en este derramamiento de Dios fue tan grande, que produjo que tuvieran en común todas las cosas, y que nadie tuviera necesidad de nada.

El pan al ser desmenuzado o partido genera lo opuesto, los miembros separados son atraídos para conformar el cuerpo espiritual. El cuerpo, (el pan) que en lo natural se divide, en lo espiritual se une. Actuar en el espíritu opuesto a lo que queremos vencer, es un principio espiritual. Jesús a través de Su muerte produjo la vida en nosotros. Su cuerpo llagado, produjo salud. Su humildad venció el orgullo, Su verdadero amor desarmó el odio. Bajo este mismo principio, el partir el pan como símbolo de Su cuerpo horadado libera un poder que amalgama sobrenaturalmente a los que son legítimamente Su Iglesia.

> La iglesia primitiva se dio cuenta que el partimiento del pan tenía un poder sobrenatural, que mantenía al cuerpo de Cristo unido.

Al comer del pan, nos sumergimos en el cuerpo espiritual de Cristo en toda la tierra. Ahí dentro, podemos empezar a atraer hacia nosotros, cada una de las partes que fue ya diseñada por Dios para estar unida a nosotros. Al convergir estos órganos precisos, entraremos en nuestro perfecto funcionamiento dentro de Su organismo vivo.

Hoy en día, el cuerpo está separado por todos lados, y unido a veces por coyunturas disfuncionales, que lejos de ayudarnos nos atrofian. Dios tiene un tendón, un músculo, nervios y venas trazados con exactitud para cada hueso. El Señor sabe qué órganos poner en conjunción, para que el estómago digiera, y que partes, alrededor de los pulmones, para que estos respiren. El problema actual, es que corremos tras la unción de uno, tras la enseñanza de otro, tras las tradiciones de aquellos y tras el avivamiento de equis lugar. Esto da como resultado, una oreja rodeada de dedos, un hígado pegado al ojo, y los pulmones tienen que recurrir al "Marketing del Mundo", porque la nariz está muy ocupada, tratando de inspirar aire del riñón. Miles de ministerios se están ahogando, tratando de sobrevivir, procurando en su propia carne hacerse de contactos que los ayuden. Dicen entre sí: "Voy a hacer un poco de relaciones públicas con estos ministerios, porque si ellos me ayudan entonces voy a triunfar." Otros dicen: voy a enviar todas estas cartas para ver quienes me ayudan financieramente. Desgraciadamente, los buzones están llenos de papelería ministerial, pidiendo fondos para mil y una causas, y la gran mayoría quedan sin respuesta. La razón es que el reino de Dios no funciona así. Es un Reino sobrenatural, orquestado desde lo alto. El Señor ya tiene predestinados todos esos elementos humanos y financieros que necesitamos.

> El Señor ya tiene predestinados todos esos elementos humanos y financieros que necesitamos.

Quizás no sabemos si somos hueso, tendón o músculo, pero Él si lo sabe. Cuando como de Su carne, veo Su cuerpo alrededor del mundo, y en esta intimidad en que estoy comulgando con Su Espíritu, profetizo a los órganos que tienen que estar unidos a mí, que vengan y se encuentren sobrenaturalmente conmigo. Ordeno que se manifiesten esas citas divinas que Dios ha preordenado para mí. Que los instrumentos financieros que Jesús ya me entregó desde antes de la fundación del mundo, entren en contacto conmigo. Llamo al torrente de sangre divina que corre en ellos y en mí, que nos amalgame en un solo órgano funcional y perfecto. No tengo que buscar ayuda en los ministerios más populares. Tengo que esperar en mi Padre Celestial, y ÉL LO HARÁ.

El partimiento del pan, no solo une a la Iglesia de una época, sino que nos une al cuerpo de Cristo, a través de la historia. Somos parte de una gran familia intemporal. El Reino de Dios es eterno. El tiempo solo existe en lo natural. Hay coyunturas en el cuerpo que son eternas, de las que podemos tomar la unción que se quedó suspendida en el tiempo, o reabrir los pozos de un avivamiento que existió en algún lugar.

Cada uno de nosotros pertenece a una línea de unción que quedó suspendida con la muerte de ese alguien maravilloso que nos la tenía que pasar, cuando ese alguien, partió con el Señor. Quizás eres el sucesor de una de las más grandes unciones, y nunca has clamado por ella. Pero al comer del pan, ésta se unirá a ti.

Tu y yo somos tan solo eslabones de una obra que viene avanzando por generaciones detrás de nosotros, y que usará nuestras vidas para pasar la estafeta a la siguiente generación.

Cuando Saulo de Tarso mandó apedrear a Esteban, el manto del mártir cayó a sus pies. Esteban liberó el perdón sobre sus ejecutores, y al hacer esto, su unción quedó suspendida en los aires, lo mismo que la misión que Dios le había encomendado. Este homicidio marcó a Saulo, y cuando éste se convirtió a Jesús, y entró a ser parte de Su cuerpo, se constituyó en deudor de los que había matado. En este acto, el destino y la unción de Esteban se unieron a Pablo, quién continuó lo que había sido truncado por la muerte.

Mi esposo y yo vivimos en Jacksonville, que es el lugar donde llegaron los primeros cristianos a los Estados Unidos, mucho antes que los "Piligrims" llegaran a Nueva Inglaterra.

Estos fueron los Hugonotes franceses, que salieron huyendo de Europa durante la inquisición que produjo la Reforma. Ellos llegaron a las costas de San Agustín y consagraron la tierra con el salmo 132, declarando que esta nación sería llamada Sión, y sería país de adoración a Dios. España mandó un barco con soldados que masacraron al pueblo del Señor, dejando su misión inconclusa por causa de la muerte.

En el año 2004, Dios nos habló de retomar el destino y la obra de los Hugonotes, que había quedado suspendida en el tiempo. Trajimos entonces un grupo de Francia de los descendientes de aquellos mártires.

Después de 440 años los hugonotes entraron cantando salmos otra vez a las costas de Estados Unidos. Como descendiente de Españoles les pedí perdón, y juntos tomamos la Santa Cena, haciéndonos deudores de aquellos nuestros hermanos que murieron

> Tarde o temprano, Dios conecta a Su cuerpo con la historia, para continuar estableciendo lo que había determinado.

en estas playas. Algo poderosísimo vino sobre nosotros de parte de Dios, cuando nos unimos con la historia, a través del partimiento del pan en el cuerpo eterno de Cristo. Tenemos la certeza que Dios nos usará para santificar los Estados Unidos, y volverla otra vez una nación de adoración. El diablo no puede eliminar lo que Dios se ha propuesto hacer. Tarde o temprano, Dios conecta a Su cuerpo con la historia, para continuar estableciendo lo que había determinado. Lo que empezó en la Reforma, no ha terminado. Lo que comenzó en la calle Azusa, en Gales, o en Pensacola, y en tantos otros lugares que vieron la gloria de Dios, será otra vez vivificado por SU CUERPO en esta época.

Hay personajes en la Biblia o en la historia de la Iglesia, con los que sentimos una afinidad extraordinaria. Esto se debe a que tal vez somos parte del órgano espiritual que empezó con David, o con Juan, o con Pablo, o con tantos otros. Nuestros antecesores espirituales quizás no sean para nada miembros de nuestra familia en la sangre. Por ejemplo, Benny Hinn, quien claramente tiene sobre de él, el manto de Catherine Kulhman, jamás la conoció personalmente, ni fue su madre espiritual. Sin embargo, Dios orquestó una coyuntura en los cielos, que dio a luz un poderoso ministerio. He conocido personas que al caminar por primera vez en una tierra, sienten como que su espíritu pertenece a ese lugar. Muy posiblemente, parte de su herencia espiritual se encuentre en esa región.

Dios no solo quiere deshacer nuestra herencia espiritual de maldición, que proviene de la iniquidad de nuestros padres, sino que quiere que obtengamos la herencia bendita que proviene de Su cuerpo transgeneracional.

Partir el pan es una maravillosa forma de oración, que no solo nos une con la historia, sino con el futuro, para atraer a nuevos creyentes al cuerpo. Al comer de Su carne, debemos llamar hacia adentro del Cuerpo de Cristo a los que han de formar parte de él.

> *"Y perseverando unánimes cada día en el Templo, y partiendo el pan en las casas, comían juntos con alegría y sencillez de corazón, alabando a Dios y teniendo favor con todo el pueblo y el Señor añadía cada día a la iglesia los que habían de ser salvos."*
> HECHOS 2:46–47

El Partimiento del Pan Edifica Su Tabernáculo en Nosotros

Jesús es el primogénito de todos los hermanos que conformamos Su cuerpo. El, como Hijo de Dios, fue el primer Tabernáculo Viviente donde habitara toda la plenitud de Dios. Su carne fue la tienda donde El Padre y el Espíritu Santo moraban.

Dios está interesado en que ese tabernáculo sea edificado en la tierra a través de la Iglesia.

Esa morada no es algo que sucede automáticamente como muchos piensan, por el hecho de que alguien le dice a Jesús: "Ven a vivir a mi corazón." Cuando alguien se convierte genuinamente, el Señor pone Su semilla de salvación, para que esa persona reciba la autoridad de ser llamado un hijo de Dios.

Esto es el titulo, o relación familiar que Dios confiere al creyente que empieza a caminar con El. Su morada dependerá de lo que hagamos con ese gran tesoro que El ha

> Tenemos la piedra angular, pero Dios quiere el edificio completo dentro de nosotros.

puesto en nuestras manos. Tenemos la piedra angular, pero Dios quiere el edificio completo dentro de nosotros.

> *"En aquel día vosotros conoceréis que yo estoy en*
> *mi Padre y vosotros en mí, y yo en vosotros.*
> *El que tiene mis mandamientos, y los guarda, ése es*
> *el que me ama; y el que me ama será amado por mi*
> *Padre, y yo le amaré y me manifestaré a él....*
> *El que me ama, mi palabra guardará; y mi Padre le*
> *amará y vendremos a él y haremos morada en él."*
> JUAN 14:20–23

Note que la morada de Dios no se establece sino hasta que el creyente ha sido probado en cuanto a guardar Sus mandamientos y Su Palabra.

Hoy en día, nos encontramos en una situación grave en cuanto a la condición de la Iglesia. En una gran cantidad de personas el templo espiritual de Dios está hecho ruinas. Dios nos llamó a ser Su templo vivo en la tierra, pero la realidad es que pocas personas caminan en el entendimiento de este altísimo llamado.

En una analogía espiritual, Dios le mostró al profeta Hageo por qué su pueblo estaba en gran padecimiento.

> *"¿Es para vosotros tiempo, para vosotros*
> *de habitar en vuestras casas artesonadas,*
> *y esta casa está desierta?*
> *Pues así ha dicho Jehová de los ejércitos: Meditad*
> *bien sobre vuestros caminos. Sembráis mucho y*
> *recogéis poco, coméis y no os saciáis; bebéis y no*
> *quedáis satisfechos; os vestís y no os calentáis; y el*
> *que trabaja a jornal recibe su jornal en saco roto.*

Buscáis mucho y halláis poco; y encerráis en casa y yo lo disiparé en un soplo. ¿Por qué? Dice Jehová de los ejércitos. Por cuanto mi casa está vacía y cada uno corre a su propia casa."
HAGEO 1:4–6, 9

Esta profecía que fue escrita refiriéndose a casas físicas, también es interpretada hoy en sentido espiritual. Cada uno de nosotros somos casas tanto espirituales, como anímicas o carnales. Tomamos una gran parte de nuestro tiempo y esfuerzo en edificarnos a nosotros mismos. Ponemos gran interés en que tengamos todo lo que necesitamos. Millones de oraciones están tan solo enfocadas en: "Dame, hazme, ayúdame, sáname, provéeme, lléname." Dios en su infinito amor, nos da lo que pedimos en una medida o en otra. Nos llena de Su Espíritu, nos adorna de dones espirituales. Nos cubre de gracia y de favor. Nos limpia y nos embellece. Nuestras casas están bien artesonadas por El.

El problema radica, en que la gran mayoría de personas en la Iglesia, quitó los ojos de Jesús como punto principal de adoración y de conocimiento, para servirse solo a sí mismas. Los cantos que se cantan en su mayoría tienen que ver con lo que queremos de El. La predicación está orientada a cómo vivir mejor "nosotros", cómo alcanzar éxito terrenal y victoria en lo que hacemos. De esta manera, en forma muy sutil, el agradar, el conocer, el honrar a Dios, fue dejando de

> Conocerlo a Él es una experiencia personal y diferente en cada individuo.

Nuestros ojos son abiertos para mirarle y nuestros oídos le pueden oír.

ser importante, y le dimos lugar a nuestras prioridades antes que a las Suyas. Nuestras casas se fueron artesonando más y más, y el templo interior, Su lugar de morada, fue quedando olvidado y en ruinas.

Aprender de Dios a través de otros es hermoso y necesario, pero nunca suplirá la comunión íntima con Su Espíritu. Conocerlo a Él es una experiencia personal y diferente en cada individuo. Es lo que nos afirma y nos cimienta para que no seamos sacudidos.

"Esta es la vida eterna, que te conozcan a ti, el único Dios verdadero y a Jesucristo a quién has enviado"
Juan 17:3

El partimiento del pan nos lleva a esa experiencia de conocimiento de Él, en que nuestros ojos son abiertos para mirarle y nuestros oídos le pueden oír.

El Señor le dio la clave a Hageo de cómo edificar el templo para que el Padre y el Hijo hagan morada en él.

"Subid al monte, y traed madera, y reedificad la casa; y pondré en ella mi voluntad, y seré glorificado ha dicho Jehová"
Hageo 1:8

La madera, es símbolo de la naturaleza humana de Jesús, de Su cuerpo. Esta no es madera que se pueda encontrar en los valles, en los lugares bajos, en las "buenas ideas" y los "buenos programas" de los hombres. Es madera de altura que sólo se encuentra en el Santo Monte de Dios. El lugar donde el Arbol de la Vida echa raíces fundiéndose con el Santo Monte de Dios.

"Subid al monte y traed madera" es subir al Espíritu y comer la carne de Jesús. Es traer todo lo que simboliza Su cuerpo, la madera, y hacerlo el templo de Dios en nuestro interior.

Cada vez que como de Él, voy edificando Su morada en mí, y se va formando Él Mismo dentro de mí.

El tabernáculo en el desierto, apuntaba a todo lo que sería Jesús venido en carne. La gloria de Dios cubierta con cortinas de pureza, de sangre y de su humilde forma externa. La columna de fuego, la presencia visible de Dios en la tierra se posaba sobre este tabernáculo. Esto también sucederá a los que caminan en pureza, en humildad, y llenos de Su sangre, conformados en verdaderos templos de Dios.

8 El Poder Contenido en el Cuerpo

1. Su Cuerpo Fue Herido para Darnos Sanidad y Salud

Cuando medito en las profundidades de lo que Jesús conquistó en la cruz, me maravillo al ver que, literalmente, todo fue conquistado en esa poderosa victoria. Sin embargo, veo con tristeza que es una minoría la que toma de ella, para vivir sobrenaturalmente. Como ya mencioné anteriormente, es dramático ver la cantidad de gente enferma en la Iglesia de hoy, gastando millones de dólares en medicamentos y hospitales, cuando Jesús ya triunfó sobre la enfermedad. El es la solución, no los médicos de este mundo.

La gran pregunta es, ¿por qué la Iglesia no disfruta de esa salud inquebrantable que ya fue comprada por su Salvador?

"Ciertamente llevó él nuestras enfermedades, y sufrió nuestros dolores; y nosotros le tuvimos por azotado, por herido de Dios y abatido.

El es la solución, no los médicos de este mundo.

Mas él herido fue por nuestras rebeliones, molido por nuestros pecados; el castigo de nuestra paz fue sobre él, y por su llaga fuimos nosotros curados."

ISAÍAS 53:4–5

La respuesta se encuentra una vez más en la comprensión de la Santa Cena.

En el pasaje que hemos venido estudiando en la primera epístola a los Corintios capítulo 11, Pablo habla del tema de la salud con relación al discernimiento del sacrificio de Jesús, al participar de la comunión, del cual hablé en páginas anteriores.

"De manera que cualquiera que comiere de este pan o bebiere esta copa del Señor indignamente, será culpado del cuerpo y de la sangre del Señor.
Por tanto pruébese cada uno a sí mismo,
y coma así del pan y beba de la copa. Porque el que come y bebe indignamente sin discernir el cuerpo del Señor, juicio come y bebe para sí.
Por eso hay muchos enfermos y debilitados entre vosotros y muchos duermen.
Si pues nos examinásemos a nosotros mismos no seríamos juzgados; mas siendo juzgados somos castigados por el Señor para que no seamos condenados con el mundo"

1A. CORINTIOS 11:26–32

Al tomar la Santa Cena en una forma ritualista, sin sopesar en nuestras propias vidas lo que el pecado, la rebelión y la iniquidad le hicieron al Jesús, nos pone en una posición peligrosa.

Nada me da más dolor que pensar en mi Señor siendo brutalmente torturado y crucificado, para que podamos vivir una vida en salud y en santidad, y sin embargo, ver gente, unos corriendo a la medicina y otros aún peor, corriendo al pecado. Es como decirle a Jesús, "tengo mejores soluciones que la tuya para mi salud" o "tengo formas mejores de vivir mi vida que lo que tu diseñaste para mí."

No quiero condenar a nadie con lo que estoy diciendo, ya que yo misma no sabía como entrar a poseer mi salud. Me fue muy fácil dejar mi forma pecaminosa de vivir, porque desde que me convertí amé a Jesús con todo mi corazón, y desde entonces, no he querido hacer nada que lo ofenda o lo hiera. Pero era diferente el asunto de la salud. No veía a nadie vivir la salud del Reino. Todos me decían que Dios podía usar a los médicos, pero algo dentro de mí me decía que las llagas de Jesús no habían sido en vano para mí. Que si Él había pagado en una forma tan dolorosa, para vencer mis enfermedades, tenía que haber alguna forma de lograr vivir en ese tipo de salud.

Algunos teólogos han calculado que el pueblo de Israel, vivió alrededor de 450 años sin que hubiera un sólo enfermo entre ellos. Esto data desde los tiempos de Moisés, en que comieron el pan que descendió del cielo, hasta que el rey Asa recurrió a un médico, y esto acabó con esa tremenda bendición. En estos 450 años, se ven juicios radicales de Dios, en que Él mismo mata a través de una enfermedad en casos específicos. Vemos estos en el caso del hijo de David y Betsabé, o la peste que Dios envió por el censo que este rey llevó a cabo, pero esto no era lo común entre el pueblo; ellos vivían en salud.

> *"En el año treinta y nueve de su reinado, Asa*
> *enfermó gravemente de los pies, y en su enfermedad*
> *no buscó a Jehová, sino a los médicos.*
> *Y durmió Asa con sus padres, y murió en*
> *el año cuarenta y uno de su reinado."*
> 2A. CRÓNICAS 16:12–13

Jehová había prometido guardar a Su pueblo, y lo cumplió durante todo ese tiempo. ¿No tendrá esta promesa mucho más efecto habiendo Jesús llevado en Su cuerpo nuestras enfermedades?

> *"Y quitará de ti Jehová toda enfermedad;*
> *y todas las malas plagas de Egipto, que tu*
> *conoces, no las pondrá sobre ti, antes las pon*
> *drá sobre todos los que te aborrecieron"*
> DEUTERONOMIO 7:15

> *"Y dijo: Si oyeres atentamente la voz de Dios, e*
> *hicieres lo recto delante de sus ojos, y dieres oído a*
> *sus mandamientos, y guardares todos sus estatutos,*
> *ninguna enfermedad de las que envié a Egipto*
> *vendrá sobre ti; porque yo soy Jehová tu sanador"*
> ÉXODO 15:26

Había leído muchas veces estos pasajes. Había asistido a muchas cruzadas de sanidades. Había visto a Dios a hacer muchos milagros, y sin embargo, yo no podía entrar en un nivel en el que el sacrificio de la cruz, fuera lo único que necesitara para vivir en salud.

Cuando la revelación que escribo en este libro vino a mí, mi vida cambió. Empecé a adueñarme literalmente del poder de las llagas de Jesús cada vez que comía del pan.

En el mundo espiritual, todos los días, mi espíritu se unía al cuerpo de Jesús, y Él absorbía en Sí Mismo todos mis males. El día llegó en que tiramos todos los medicamentos que había en la casa, y decidimos vivir por el poder de la cruz. Hoy por hoy, ya no necesitamos ni una aspirina. Aprendimos a creer y a poseer nuestra herencia. El comer de Su carne, discerniendo y apreciando lo que Jesús hizo por nosotros, nos lleva a este nivel de salud.

La vida eterna del Todopoderoso, viviendo y manifestándose en y a través de nosotros es la verdadera esperanza de gloria.

Nuestro espíritu unido al de Jesús, vence toda enfermedad en nuestro cuerpo. El Reino de Dios somete toda la materia, y trae al orden divino a todo organismo.

Cuando siento que una enfermedad quiere atacar mi cuerpo, tomo la Santa Cena y tomo tiempo en quietud permitiendo que el Espíritu de Dios que es vida en mí, invada todo mi cuerpo. Le doy gracias a Jesús por dejarse herir, y dar Su vida por mí; y le hago saber que eso no fue en vano para mí. Que ningún medico tiene mejor remedio que lo que Él hizo por mí.

Si ciertamente el no discernir Su cuerpo horadado trae juicio de enfermedad y de muerte, el apreciarlo y valorarlo trae vida y salud.

El que verdaderamente tiene pacto de vida con Jesús, y vive conforme a

> Empecé a adueñarme literalmente del poder de las llagas de Jesús cada vez que comía del pan.

Sus mandamientos, tiene derecho a vivir en salud divina como Jesús vivió.

Quizás vencer una enfermedad tome días, o semanas, pero Su poder es real y Su promesa verdadera.

2. Su Cuerpo Es el Verdadero Maná

Su Cuerpo, es el verdadero alimento que nos sustenta y nos da fuerza.

> *"Y Jesús les dijo: de cierto de cierto os digo:*
> *No os dio Moisés el pan del cielo, mas mi Padre*
> *os da el verdadero pan del cielo.*
> *Porque el pan de Dios es el que descendió*
> *del cielo y da vida al mundo"*
> JUAN 6:32–33

No solo la salud proviene de nuestro espíritu unido al de Jesús, sino también nuestra fuerza y vitalidad. El alimento espiritual nos da fuerza sobrenatural para hacer proezas en Dios.

La gente que vive en el mundo natural, no entiende de donde, muchas veces sacamos fuerzas para llevar un tren de vida ministerial, que es prácticamente imposible en nuestras propias fuerzas.

> El alimento espiritual nos da fuerza sobrenatural para hacer proezas en Dios.

Nosotros estamos en cerca de 40 naciones por año. Hacemos televisión, escribimos libros, liberamos ciudades, y nos sentimos como si tuviéramos treinta años menos.

En capítulos anteriores hablé del alimento espiritual, y cómo hemos sido sustentados en condiciones inenarrables.

3. Su Cuerpo Crucifica Nuestra Carne

Quizás el problema mayor de todo cristiano es crucificar su carne para conformarse a la imagen del Señor.

"Pero los que son de Cristo han crucificado su
carne con sus deseos y pasiones"
GÁLATAS 5:24

En Jesús está el poder que sacrifica todo deseo para ponerlo a los pies del Padre. El dijo:

"Porque he descendido del cielo no para hacer mi
voluntad sino la voluntad del que me envió."
JUAN 6:38

Jesús es el Cordero Inmolado antes de la fundación del mundo. Cuando El vino a la tierra, todo en El, le hablaba de sacrificio. Su carne estaba impregnada de negación y de obediencia hasta la muerte. Cuando comemos de Su carne, este mismo sentir va invadiendo nuestro corazón y nuestros sentidos. Su Espíritu tiene una fuerza sobrenatural, que pone Sus deseos en nuestra alma, y nos hace detestar todo lo que no está alineado con Su voluntad.

Esta es la simiente de Dios que vive y opera a través de nosotros, cuando la alimentamos, comiendo el verdadero alimento contenido en Su carne.

"Todo aquel que es nacido de Dios, no practica el
pecado, porque la simiente de Dios permanece en él;
y no puede pecar, porque es nacido de Dios."
JUAN 3:9

Su vida en nosotros, es poderosa para alejarnos del mal, para deshacer las obras del diablo, que fueron edificadas en nosotros, y para vencer toda tentación.

Es posible y maravilloso vivir una vida en santidad. Nadie puede ofrecernos lo que el perfecto diseño de nuestro Creador nos proporciona. En El, están los más altos propósitos de plenitud, de gozo, de salud, de paz, de prosperidad y de vida eterna. El mundo con toda su corrupción y tinieblas, jamás nos dará todo esto que Dios nos ofrece.

9 ¿Cómo Se Toma la Santa Cena?

1. ¿Cómo la Tomaba la Iglesia Primitiva?

La Santa Cena para la iglesia primitiva era parte de la comida que comían todos los días. No era una ceremonia religiosa, ni necesitaba venir un sacerdote a las casas para impartirla.

> *"Y perseverando unánimes cada día en el templo*
> *y partiendo el pan en las casas, comían juntos*
> *con alegría y sencillez de corazón."*
> HECHOS 2:46

Podemos ver que era parte de su comida cotidiana, ya que el Apóstol Pablo menciona algunos desórdenes que se dieron en la Iglesia de Corinto.

> *"Cuando, pues, os reunís vosotros, esto no*
> *es comer la cena del Señor. Porque al comer cada*
> *uno se adelanta a tomar su propia cena: y uno*
> *tiene hambre y otro se embriaga"*
> 1A. CORINTIOS 11:20-21

*"Así que hermanos míos cuando os reunís a comer,
esperaos unos a otros. Si alguno tiene hambre coma
en su casa, para que no os reunáis para juicio"*
1a. Corintios 11:33–34b

Estos pasajes nos muestran, que ellos comían el pan y el fruto de la vid en una forma casera y no religiosa. El Apóstol, hace remarcar la necesidad de darle a esta comida el sentido espiritual que debe tener, para que produzca vida y no muerte.

Era importante hablar de la muerte del Señor, y que cada uno sopesara su vida, y evaluara su caminar con el Señor. Que al partir el pan cada uno de ellos, viviera en carne propia, en su propio corazón, el recuerdo del doloroso sacrificio que Jesús hizo por el mundo, para vivir por El, una vida santa.

Esto era una comida, un alimentarse espiritualmente, no una ceremonia religiosa, llena de protocolos y estructuras.

No hay en la Biblia un solo ritual a este respecto, ni tampoco un orden sacerdotal para llevarlo a cabo. Es el privilegio de cada creyente, y la herencia más grande que Dios nos dio.

> Es el privilegio de cada creyente, y la herencia más grande que Dios nos dio.

2. ¿Cómo la Tomamos Nosotros?

Nosotros la tomamos en casa, solos como familia. Muchas veces nos reunimos con otros hermanos para hacerlo. En ocasiones, lo tenemos que hacer en un avión, en un restaurante, en el campo. En todo lugar, El Señor se hace presente.

A veces lo tengo que hacer sola, porque ese día nadie está conmigo.

Hay días en que tomamos mucho tiempo. Nos sumergimos profundamente en la meditación de lo que estamos haciendo. Me gusta llenarme de Su sangre, comer de Su sabiduría. Cada día es una experiencia diferente y maravillosa.

La gran mayoría de las veces, lo hacemos en la mañana después de nuestro tiempo de adoración. Otras, en la noche antes de acostarnos, y así me quedo disfrutando de Su presencia toda la noche. Pero también hay otras veces que no tomamos mucho tiempo, solo lo suficiente para estar en profundo contacto con nuestro Salvador, y seguir adelante.

No es un ritual, es vida, y lo que es vida no se planea; se vive y se disfruta de los gloriosos momentos que nos ofrece.

En la iglesia o en los congresos donde ya hemos enseñado el tema, ponemos los elementos a la entrada, para que cada persona los tome, y luego los tomamos juntos durante la adoración o al terminar el servicio.

En este libro, narro una pequeña parte de miles de experiencias y revelaciones que el Señor me ha dado a través de la comunión. Narrarlas todas me tomaría enciclopedias.

Mi oración es que usted pueda recibir del Señor lo que El nos ha legado, en esta maravillosa Cena, la cual es verdadera comida y verdadera bebida. Miles de vidas han sido transformadas, al entrar a poseer su verdadera herencia celestial.

"El que come mi carne y bebe mi sangre,
en mí permanece, y yo en él.
Como me envió el Padre viviente, y yo vivo
por el Padre, así mismo el que me come,
él también vivirá por mí."
JUAN 6:56–57

¡Llenemos la tierra de una generación llena de la vida de Jesús!

Bibliografía

"The Canons and Decrees of the Council of Trent," in Creeds of Christendom, II, ed. P Schaff; J Pelikan and H T Lehmann, eds., Luther's Works; J Calvin, Institutes of the Christian Religion, ed. J T McNeill, and Tracts Relating to the Reformation; G W Bromiley, ed., Zwingli and Bullinger; K McDonnell, John Calvin, The Church, and the Eucharist; D Bridge and D Phypers, Communion: The Meal That Unites?

La Vida Oculta de la Masonería : C W Leadbeater.

The Day I Was Crucified—Gene Edwards

International

A book that will take you to experience the depths within the invisible Kingdom of God.

Discover which is the major hindrance, that is stopping you from entering the glorious manifestations of God.

The answers to many of the difficult questions concerning spiritual warfare. A book of wisdom, and experience from a General in war.

Discover the strategies to defeat your finances greater thief, the spirit of Mammon.

www.voiceofthelight.com